U0514173

二战经典**战役**系列丛书

浴 血 阿 登

白隼　编著

图文版

北方联合出版传媒(集团)股份有限公司

万卷出版公司

Ⓒ 白隼 2018

图书在版编目（CIP）数据

浴血阿登 / 白隼编著. — 沈阳：万卷出版公司，
2018.8

（二战经典战役系列丛书）

ISBN 978-7-5470-4994-5

Ⅰ．①浴… Ⅱ．①白… Ⅲ．①第二次世界大战战役 –
史料 Ⅳ.①E195.2

中国版本图书馆CIP数据核字（2018）第150682号

出 品 人：刘一秀
出版发行：北方联合出版传媒（集团）股份有限公司
　　　　　万卷出版公司
　　　　　（地址：沈阳市和平区十一纬路25号　邮编：110003）
印 刷 者：辽宁新华印务有限公司
经 销 者：全国新华书店
幅面尺寸：170mm×240mm
字　　数：208千字
印　　张：14.5
出版时间：2018年8月第1版
印刷时间：2018年8月第1次印刷
丛书策划：陈亚明　李文天
责任编辑：赵新楠
特约编辑：吴海兵
责任校对：张希茹
装帧设计：亓子奇
ISBN 978-7-5470-4994-5
定　　价：49.80元
联系电话：024-23284090
传　　真：024-23284448

常年法律顾问：李　福　版权所有　侵权必究　举报电话：024-23284090
如有印装质量问题，请与印刷厂联系。联系电话：024-31255233

前　言

　　1931 年 9 月 18 日，日本关东军在沈阳制造了九一八事变，日本帝国主义的魔爪开始伸向有着五千年文明的中华大地，中国最屈辱的历史从此开始。1939 年 9 月 1 日，希特勒独裁下的德国军队闪击波兰，欧洲大地不再太平，欧洲人的血泪史从此开始书写。一年后，德国、意大利、日本三个武装到牙齿的独裁国家结盟，"轴心国"三个字由此成为恐怖、邪恶、嗜血的代名词。

　　德、意、日三国结盟将侵略战争推向极致。这场战争不仅旷日持久，而且影响深远。人类自有战争以来从未有过如此大规模、大杀伤力、大破坏力的合伙野蛮入侵。"轴心国"的疯狂侵略令全世界震惊。

　　面对强悍到无以复加的德国战车，面对日本军队疯狂的武士道自杀式攻击，被侵略民族不但没有胆怯，反而挺身而出，为了民族独立，为了世界和平，他们用一腔热血抒写不屈的抵抗，用超人的智慧和钢铁意志毫不犹豫地击碎法西斯野兽的头颅。

战役是孕育名将的土壤，而名将则让这块土壤更加肥沃。这场规模空前的世界大战，在给全世界人民带来无尽灾难的同时，也造就了军事史上几十个伟大的经典战役，而这些经典战役又孕育出永载史册的伟大军事家。如果把战役比作耀眼华贵的桂冠，那么战役中涌现出的名将则是桂冠上夺目的明珠。桂冠因明珠而生辉，明珠因桂冠而增色。

鉴于此，我们编辑出版了这套《二战经典战役系列丛书》。其实，编辑出版这套丛书是我们早已有之的宏愿，从选题论证、搜集资料、确定方向到编撰成稿，历经六个春秋。最终确定下来的这 20 个战役可谓经典中的经典，如历史上规模最大的海战莱特湾大战，历史上规模最大的航母绝杀，历史上规模最大、最惨烈的库尔斯克坦克绞杀战……我们经过精心比对遴选出的这些战役，个个都特色鲜明，要么让人热血沸腾，要么让人拍案叫绝，要么让人扼腕叹息，抑或兼而有之。这些战役资料的整理花费了我们相当多的时间和精力，兴奋、激动、彷徨、纠结，一言难尽。个中滋味，唯有当事人晓得。

20 个战役确定下来后就是内容结构的搭建问题。我们反复比对已出版的类似书籍，经过研究论证，最终形成了自己的特色。历史拐点（时间点）往往是爆发点，决定历史的走向，而在这个历史拐点上，世界上其他地方正在发生什么？相信很多人对此都会比较感兴趣。因此，我们摈弃了传统的单纯纪事本末叙述方式，采用以时间轴为主兼顾本末纪事的新颖体例。具体来说，就是在按时间叙事的同时，穿插同一时间点上其他战场在发生什么，尤其是适当地插入中国战场的情况，扩大了读者的视野。

本套丛书共 20 册，每册一个战役，图文并茂，具有叙事的准确性与故事的可读性，并以对话凸显人物性格和战争的激烈与残酷。每册包含几十幅精美图片，并配有极具个性的图说，以图点文，以文释图，图文相得益彰。另外，本套丛书还加入了大量的原始资料（文件、命令、讲话），并使其自然融入相关内容。这样，在可读性的基础上，这套丛书又具备了一定的史料价值，历史真实感呼之欲出，让读者朋友不由自主地产生一种穿越的幻觉。

本套丛书的宗旨是让读者朋友在轻松阅读的同时，对第二次世界大战有一个整体的认知，力求用相关人物的命令、信件、讲话帮助读者触摸真实的历史、真实的战场，真切感受浓浓的硝烟、扑鼻的血腥和二战灵魂人物举手投足间摄人心魄的魅力。

品读战役，也是在品读英雄、品读人生，更是在品读历史。战役有血雨腥风，但也呼唤人道。真正的名将是为阻止战争而战的，他们虽手持利剑，心中呼唤的却是和平。相信读者朋友在读过本套丛书后，能够对战争和名将有一个不一样的认识。

最后，谨以此书献给那些为和平、为幸福奋斗不息的人们！

目　录

第一章　战前大清洗

　　鉴于隆美尔的战功及他在德军官兵和人民中的影响，希特勒决定给他服毒自杀的机会。这样，不但保证让他得到国葬仪式，还能保全他的家人性命。隆美尔没有任何怨言，默默地穿上了昔日"非洲军团"的军大衣，拿起元帅节仗，和两位将军一起上了车。

◎ 苦战诺曼底

　　1944 年的德意志第三帝国就像其缔造者希特勒一样已进入垂老的暮年，且病魔缠身。这一年，西线的美英盟军于 6 月 6 日登陆诺曼底，自西向东直逼纳粹德国本土；东线的苏联红军 4 个方面军也于 6 月 22 日在 1000 多公里的战线上，自东向西对德军发动全面反攻。

　　为扭转这一不利局面，希特勒决定集中兵力在西线发动一次令盟军猝不及防的攻势，试图夺回战场主动权。鉴于此，希特勒及其最高统帅部于 9 月份便开始秘密策划西线规模最大也是最后的阵地反击战——阿登攻势。

　　希特勒的这次大规模反击作战堪称纳粹德国 1944 年最惨烈的阵地反击战，当之无愧被后人称为历史的转折。此役，德军伤亡 10 万人，损失坦克和重炮 700 辆、飞机 1600 架；盟军损失 8 万多人，包括 1 万人死亡，4.7 万人受伤，2.3 万人失踪，其中 7.7 万人是美国军人。阿登战役后，希特勒再无后备力量可用，西线德军再也没有力量阻挡美英盟军快速前进的步伐。

1944 年 6 月 6 日凌晨，盟军欧洲总司令艾森豪威尔将军一声令下，经过周密准备的近 300 万大军拉开了诺曼底大登陆的序幕。在波涛汹涌的大海中，盟军第 1 批 4000 多艘登陆舰艇直扑诺曼底海岸。

艾森豪威尔　　　　　　　　　　盟军舰队直扑诺曼底

美国空降兵第八十二师突击队在 378 架 C-47 运输机与 52 架滑翔机的运送下，在圣曼·伊格里斯地区与特勒河两岸实施了空降。空降后，其先头空降兵团的大部分人员降落在预定地点 3 英里以内。空降兵着陆后，迅速占领了科坦丁半岛—瑟堡公路上的要点。

从天而降的盟军突然出现在诺曼底"大西洋壁垒"的后面，德军猝不及防，乱作一团。6 时 30 分，盟军第一拨突击部队在海军炮火与 10 个战斗机中队的掩护下逐渐接近 5 个目标海滩，部队由水陆两栖坦克领先向滩头挺进。在初期舰炮轰击中，许多德国士兵被击毙，大炮被摧毁。在盟军登陆的时候，幸存者已经麻木了，士气严重受挫。

登陆犹他海滩的部队有美军第一集团军所属第七军步兵第四师。负责防守这个海滩的是德军第七〇九师的一个团，其主要由预备役和外国志愿者组成，战斗力相对较弱。由于盟军空降兵把第七〇九师同其他部队的通信联络切断了，因此他们没有接到抵抗登陆警报。虽然值班部队及时发现了盟军的登陆舰艇，但是无法进行有效的防御。

　　当美军步兵第四师正式发起攻击时，德军很快就投降了。第四师在没有遇到多大抵抗的情况下顺利登陆。傍晚时分，美军从这个登陆场上岸的部队达到2.3万人，伤亡仅197人。然而，奥马哈海滩却成了真正意义上的"大西洋壁垒"。奥马哈海滩成为美国军事史上不朽的名字之一，在这里，德军几次把美军赶回大海。奥马哈海滩的任何一端都是100英尺高的悬崖，每个据点都是复杂的体系，包括碉堡、大炮炮塔、迫击炮坑、射击战壕和反坦克炮阵地。阵地周围环绕着铁丝，布有雷区，还有隧道直通地下碉堡、弹药库和战壕。机关炮是德军最基本的武器，还有火箭炮、藏在工事中的法国坦克和重型迫击炮。这些都是德军西线B集团军群总司令隆美尔巧妙配置的，他还在海滩上部署了3道坚固的防线。

　　这些美国士兵被空中和海上的轰炸欺骗了，烟雾使得美军无法查清岸上的情况。当美国第一批登陆部队到达海岸的时候，他们遇到了来自德军炮兵越来越猛烈的轰击。随着后续部队不断靠近海滩，在他们看来，先头部队不可能有人还活着。他们为保持浮在海面上而努力，即使有一些人穿过炮火登上海滩，这些人也会暴露在德军的火力网里，只好跳回海里。美军对奥马哈海滩的进攻像是屠宰场，美军全力以赴，伤亡率高达41%。

　　在奥马哈登陆战的关键时刻，盟军的空中优势发挥了关键作用。由于盟军掌握了制空权，德军的飞机只好转移到远离登陆场的地方。在盟军登陆期间，德国空军并没有对登陆的部队构成严重威胁。经过一场生死拼搏，美军终于在奥马哈海滩登陆成功。

在奥马哈登陆的有美军第五军第一师与第二十九师各 1 个团。为了达成战术上的突然性，在预先进行的航空火力没有对该地区进行轰炸。支援舰队对该地区实施了 40 分钟的舰炮轰击，但因害怕霍克角德军岸炮射击，军舰只能在远距离射击，准确率非常低。

盟军 480 架轰炸机对奥马哈的德军防御阵地实施了航空火力攻击，投弹 1285 吨。由于当时的云层低厚，飞行员们怕误伤己方部队，所以延迟了 30 秒钟投弹，结果 1285 吨炸弹落在了 5 公里外。为了等待配合作战的装甲车辆，坦克登陆艇只好在海岸附近徘徊，德军抓住这一大好机会猛烈炮击，2 艘坦克登陆艇被击沉。

6 时 45 分，盟军水陆两栖坦克和装甲车辆一起驶往海滩，不过刚到海滩就被德军猛烈的炮火摧毁了好几辆。第一批 1500 名突击登陆士兵在浅水中、海滩上为了生存拼命。海面上挤满了等待登陆的舰艇，秩序混乱。2 小时后，美军第一集团军司令布莱德雷打算放弃奥马哈海滩的登陆，让美军后续部队在犹他海滩或英军滩头登陆。

6 日清晨，美军第二骑兵连的 5 名突击队员在奥马哈海滩以西 3 英里处的悬崖下实施登陆。他们的任务是攀上 100 英尺高的悬崖，摧毁德军一个炮兵连。盟军情报说这个炮兵连拥有 6 门 155 毫米德国榴弹炮，这些大炮会破坏海面上的美国舰队。突击队员们一边抵抗德军的炮火，一边用火箭炮把带着绳子的抓钩射到悬崖上。他们艰难地朝上爬，有人被狙击手击中，顺着绳子向下滑。突击队员们好不容易才爬上了霍克角，发现炮管林立的海岸炮竟是假的。突击队员们击溃了德国炮兵连，那些无人驾驶的坦克也被突击队员破坏掉，他们在内地1英里处发现了藏在那里的榴弹炮，当即摧毁了它们。这时，盟军舰队才敢靠近奥马哈海滩，开始大发神威。躲在工事内的德军被盟军强大的舰炮火力打得毫无还手之力。

登陆金海滩的部队是英军第二集团军所属第三十军步兵第五十师和1个加强装甲旅、1个突击营。英军登陆时，能见度越来越好，盟军的空军开始活跃起来。登陆剑海滩的部队是英军第一军步兵第三师。登陆朱诺海滩的部队是加拿大军步兵第三师和1个加强装甲旅。这支登陆部队开始时受到了德军的炮火抵抗，306艘登陆艇中，有90艘舰艇和8辆两栖坦克受损。当装甲部队为他们掩护时，德军的顽强抵抗被打退了，进入内地6.5公里。当晚，这支登陆部队到达卡昂至贝叶的公路。

英军的进攻战略被德军坦克所限制，这是与美军的不同之处。为了确保英军第二集团军不滞留在海滩上，盟军陆军总司令蒙哥马利命令137艘战舰随同英军登陆编队一同进行了2个小时的舰炮轰炸。英军登陆的海滩没有一处像奥马哈海滩的断崖或者犹他海滩上布满的礁石那样可怕。英军登陆的是低平的海滩，这种地形有利于坦克机动作战。德军部队包括10个岸防步兵连，50支迫击炮小分队，500门机关炮和90门大炮，海滩后面还有14个步兵连和100多门大炮，在后面有5个步兵营和更多大炮。英军的很多登陆艇触水雷沉没，或者被炸成碎片，很多坦克被焚烧，官兵们的尸体被推下海。

盟军陆军总司令蒙哥马利

　　在攻击开始的时候，一些古怪的坦克沿着海面向海滩上游去，看起来像盖着帆布的浴缸。这些"浴缸"放下安全环状浮袋后，露出了本来的面目——谢尔曼坦克。德军一看大惊失色，目瞪口呆地盯着这些"怪物"。除了谢尔曼坦克，英国还有一些可以喷射 120 码火焰的坦克。蒙哥马利把这些"怪物"分发给英军、加拿大军和美军，但是美军只接受了几辆会游泳的坦克。后来，美军对当初所作的决定非常后悔，尤其是美军在奥马哈海滩进行血战的时候。这些"怪物"保护了无数英军官兵的生命，英军在海滩上的伤亡很小。只有误入德军交叉火力网的部队伤亡大些，英军装甲部队把对德军的战斗扩展到乡村和辽阔的原野。

　　战斗中，德军 12 辆"虎式"坦克仅用了不到 10 分钟便粉碎了英军一个装甲旅，摧毁 15 辆英国坦克、14 辆装甲车和 14 辆装甲运输车。经过一天激战，盟军近 10 个师的部队登陆成功，57500 名美军与 75215 名英军以及加拿大军队先后登陆诺曼底，并占领了数个 8 ~ 10 公里的登陆场。虽然这些登陆场相互之间还没有建立联系，但是为后续部队的登陆创造了有利条件。盟军在诺曼底登陆的消息传到德国，全国上下惊慌不已，他们无法接受盟军开辟第二战场的现实。

盟军诺曼底登陆

◎ 亲临前线督战

　　6月6日上午，希特勒正在贝希特斯加登司令部附近的一座城堡里研究一幅地图。最高统帅部作战局局长约德尔向他的元首指出盟军在诺曼底的滩头阵地。希特勒一直在与他的外交部长里宾特洛甫和匈牙利总理德迈·达托杰伊协商，他听到这个消息后十分不安。希特勒很快就恢复过来，为了给人们造成他是为了诱捕盟军而允许盟军进攻的假象，他装作如释重负地说："感谢上帝，傻瓜们终于登陆了。"

　　对于德军第二十一装甲师的坦克兵来说，盟军的飞机和滑翔机看起来就像一座巨大的桥梁。他们朝那些滑翔机射击，但是对如此密集的机群来说，似乎没有什么影响。第二十一装甲师遭受重创，但是上级仍然命令他们清除英军的滩头阵地。盟军的空军在6日当天共飞行10585架次，而德国空军只飞行了319架次，而且大部分被击落。盟军以伤亡8000人的代价，换来了德军苦心经营的"大西洋壁垒"。

晚 10 时，德国第七集团军与第二十一装甲师正在努力抗击盟军猛扑而来的攻击，现在也只有靠装甲师了。于是，隆美尔命令第二十一装甲师与第十二党卫装甲师于 7 日清晨开始反攻。第二十一装甲师经过一天苦战，只剩下 70 辆坦克，而第十二党卫装甲师从 120 公里外的驻地在盟军飞机的猛烈轰炸下，沿途损失惨重，仍然没有赶到阵地。与此同时，德军李尔装甲教导师在盟军飞机的猛烈轰炸下进展缓慢，仍在途中。

纳粹德国陆军元帅隆美尔

6 月 8 日，李尔装甲教导师赶到，但沿途损失了 90 辆坦克。隆美尔命第二十一装甲师、第十二党卫装甲师与李尔装甲教导师 3 个装甲师全部用上，把盟军赶下海去，但盟军在强大的空中与海上舰炮火力的支援下，击退了德军的反攻。

6 月 9 日，希特勒在西线总司令龙德施泰特的一再要求下，把驻加莱的第十五集团军抽调 17 个师派往诺曼底。然而，由于最高统帅部总参谋长凯特尔、最高统帅部作战局局长约德尔、西线情报处处长罗恩纳等人的极力反对，希特勒于午夜时分下令停止增援诺曼底，并把东部的部队火速调往加莱。龙德施泰特得知这一情况后，仰天长叹："战争输定了！"

　　龙德施泰特，全名卡尔·鲁道夫·格尔德·冯·龙德施泰特，1875年12月12日出生于一个普鲁士军人世家。1893年，他应征入伍，在一战爆发前就晋升为参谋军官。一战期间，龙德施泰特一直在参谋部门工作，战后荣升第十五军参谋长。《凡尔赛条约》签订后，他一直待在军中，先后担任过各种职务，直到1938年退役。1939年，他被希特勒重新起用，以南方集团军总司令的身份先后转战于法国和苏联。1941年12月，他在希特勒准备将其解职前主动提出辞职，再次退役。这只是一次短暂的退役，希特勒在1942年3月再次将其召回，任命他为西线总司令，暂时指挥B集团军群。1944年7月，在德军面对盟军的诺曼底进攻是否需要撤退的问题上，他与希特勒产生了分歧，被再次解职。暗杀希特勒的"7·20密谋"发生后，他负责监督法庭对密谋分子的审判工作，但他这样做不是为了元首，而是为了整个德军。他对希特勒一直不满。事后，希特勒再次任命龙德施泰特为西线总司令，但此时的他只是一个傀儡而已，没有任何决策权。阿登战役结束后，龙德施泰特在德军防线上指挥作战，1945年3月再次被解职。1945年5月，他被美军抓获，在英国战俘营中度过了3年时光，获释后返乡。1953年2月24日，龙德施泰特在汉诺威病逝，在去世之前一直过着平静的生活。

6 月 11 日，美国第五军推进至科蒙—塞里亚—伊济尼一线，其先头部队越过维尔河口，准备打通和第七军的联系。德军知道美军这两个军一旦会合将对自己构成极大的威胁，所以全力阻止美军的行动，双方爆发激战。黄昏时分，美军第五军和第七军建立了联系。同日，盟军的人工港在诺曼底投入使用，这使盟军的卸载速度得到了大大提高。

6 月 12 日，盟军各登陆地段已基本稳固，连成了正面 80 公里、纵深 13 ~ 19 公里的登陆场。经过一周激战，希特勒一度寄予希望的"大西洋壁垒"被盟军突破。蒙哥马利开始扩大登陆场，右翼的美国第一集团军向圣洛方向推进，左翼的英第二集团军向卡昂方向推进。

6 月 17 日，希特勒飞临西线，下令龙德施泰特与隆美尔在巴约向海岸进行反击，分割盟军部队，不惜一切代价守住瑟堡。

6 月 20 日，美军 3 个师推进至距瑟堡 8 公里的地方。瑟堡位于科坦丁半岛北部，为法国北部最大的港口。德军在这里筑有混凝土野战工事，还充分利用河流与水渠设置了反坦克障碍，城郊部署了 20 个设在暗堡里的炮兵连，其中有 15 门装备口径达 150 毫米的重炮，这些火炮不但能向海上目标射击，还能控制内陆道路。然而，德军兵力不足，前一时期的战斗已消耗了德军大部分有生力量，城防司令施利本将军不得不将勤杂人员编入战斗部队，勉强凑够了 4 个团的兵力。这时，盟军和德国守军的兵力比例为 2 比 1，火炮为 3 比 1。盟军的轰炸影响了卡昂城的交通，而蒙哥马利也吃尽了隆美尔的苦头，英国第二集团军进展缓慢。

7 月 17 日，隆美尔的汽车遭到盟军飞机的攻击，他虽多处负伤却奇迹般地活了下来。

7月18日，英军攻占了卡昂西城。同时，美军也占领了圣洛城，在西欧大陆上建立起了卡昂延伸至圣洛的稳固战线。至此，诺曼底登陆获得成功，盟军具备了收复西欧大陆的有利条件。从6月6日至7月18日的诺曼底登陆战役，德军伤亡11.6万人，盟军伤亡12.2万人。

◎ 刺杀希特勒

7 月 19 日下午，德国陆军办公厅参谋长施道芬贝格奉命到东普鲁士的拉斯腾堡（今波兰肯琴）"狼穴"大本营，向希特勒报告新编组的"人民步兵师"的工作情况。施道芬贝格在临行前已经准备好在汇报会上暗杀希特勒，并将此事通知了贝克、维茨勒本、奥尔布里希特等反希特勒集团中心人物。他们会在施道芬贝格暗杀行动后飞到柏林发动政变。柏林城内、周围驻军的有关军官都接到了通知，确定 7 月 20 日为行动日期。

7 月 20 日 6 时，施道芬贝格驱车前往伦格斯道夫机场。在他随身携带的皮包里不但装着向希特勒报告时所要的文件，还有一件裹着炸弹的衬衣。这颗炸弹用一根金属线控制着击发雷管的撞针，金属线的粗细决定了从启动到爆炸需要的时间。这颗炸弹，装的是最细的金属线，从启动到爆炸只需 10 分钟。施道芬贝格登上了等候他的飞机，这是陆军总监、密谋集团主要成员之一瓦格纳将军的私人座机，被用来执行这次重要的飞行任务。

20 日 10 时，施道芬贝格抵达拉斯腾堡，他的副官嘱咐驾驶员在下午 2 时后准备随时起飞返回柏林。施道芬贝格从机场乘一辆轿车前往阴暗、潮湿、林木茂密的"狼穴"元首大本营。在大本营的食堂吃完早餐后，他找到最高统帅部通信处长菲尔基贝尔将军，这位将军也是暗杀行动中的重要人物，他负责把爆炸的消息以最快的速度传给柏林的同伙，以便他们迅速开始行动。爆炸后，菲尔基贝尔会迅速切断大本营的电话、电报与无线电通信，使之与外界完全隔绝，能否做到这点对他们的行动至关重要。

　　施道芬贝格在前往大本营会议室前，先去了最高统帅部总参谋长凯特尔的办公室。凯特尔告诉他，墨索里尼在下午 2 时 30 分到达，所以汇报会从下午 1 时提前到 12 时 30 分。又因工程人员一直忙于加固掩体顶部，这次汇报会改在一个大棚屋内举行。凯特尔对施道芬贝格说，报告要尽量简短，元首希望会议尽快结束。

　　当凯特尔与施道芬贝格步入会议室前厅时，会议已经开始。施道芬贝格在前厅停了一下，对电话总机旁的值班士兵说，他正在等柏林办公室打来的紧急电话，电话里将通知他最新的材料，电话一来马上通知他。因为参加过希特勒主持的会议的人都知道，希特勒在场时，所有人都不敢随便走开，但是这位士兵对此并没有怀疑。

　　凯特尔和施道芬贝格一起到达会场。施道芬贝格是训练和补给司令部的代表，虽然希特勒之前接见过施道芬贝格，但凯特尔还是向他作了正式的介绍。对于希特勒而言，他不可能忘记这位新到者的面孔，因为施道芬贝格在东线战场上受伤严重，失去了一只眼睛和一只手，另一只手也残缺不全。

　　施道芬贝格站在科尔登与勃兰特的中间，他把皮包放在了桌子下面，让它靠在右边的橡木底座里侧，皮包离希特勒的腿大约有 6 英尺。施道芬贝格在没人注意时溜出了房间，临走时告诉身边的勃兰特，让他留意一下脚下的皮包，里面有机密文件。

全神贯注听希特勒讲话的勃兰特没有留意施道芬贝格的嘱托，他认为那个鼓鼓的皮包很碍事，就把它放到了橡木底座的外侧。这样，炸弹与希特勒就隔了一个厚厚的底座，正是勃兰特的无意举动救了希特勒的命。

当施道芬贝格离开时，希特勒正在分析东线战事。几分钟后，凯特尔对施道芬贝格的离席倍感不安，因为对于东线战事的分析即将结束，马上就该轮到他作汇报了。就在凯特尔焦急万分之时，一声巨大的爆炸打断了希特勒的思绪。凯特尔看到希特勒身边发出一道火光，顿时吓得目瞪口呆。同时，顶棚的灯具急速下坠，砸到了希特勒的头上。

德军最高统帅部总参谋长凯特尔

第一个脱离险境的是凯特尔的副官，他艰难地站起来，踉踉跄跄地逃离会场，后来又有人跳窗而逃。随后，更多人从会场走出来。凯特尔发现自己还活着，看到两人已经丧命，赶紧上前搀扶希特勒。希特勒脸上的伤口血流不止，裤子被炸得面目全非。为了躲避爆炸，希特勒伏在地上不敢起来。后来，医生从他的腿上取出大量碎片。

而此时的施道芬贝格正与菲尔基贝尔将军站在距会议室不远的地方。看到会议室烟火大起，人体碎片飞向空中，二人心情非常振奋。施道芬贝格和菲尔基贝尔匆匆告别，马上离开"狼穴"大本营，飞往柏林，执行下一个使命：指挥部队占领首都。施道芬贝格的汽车通过重重岗哨向机场飞驰而去。机场没有接到警报，因而未采取特别的警卫措施。下午3点45分，施道芬贝格乘坐的飞机平安降落在柏林伦格斯道夫机场。

然而，就在这决定命运的时刻，他在柏林的同伙们竟然无所作为。预定在新政府里将分别担任国家元首与武装部队总司令的贝克将军与维茨勒本陆军元帅本应在得到希特勒被炸的消息后，马上发出准备好的文告与各种命令，并在广播中宣告德国新时代的来临。可是，这两个人却还没有露面。

与此相反，480公里外的"狼穴"大本营却是另一派景象。希特勒没有被炸死，勃兰特把装炸弹的皮包推到结实的橡木桌子底座外面的行为无意中救了希特勒。帝国元首头发被烧焦，两腿灼伤，右臂受伤不能行动，耳膜被震坏，脊背被掉下来的橡子划破。当他在凯特尔搀扶下从屋子里走出来时，人们已经认不出他们的元首了。凯特尔毫发无伤，与他在一起的人中，一位速记员被炸死，勃兰特上校、科尔登将军与希特勒的副官施蒙特将军因伤重身亡，豪辛格将军和站在桌子四周的约德尔将军、戈林的参谋长包登复茨将军等均受了不同程度的重伤。

爆炸刚发生时，大家都在惊魂不定地猜测爆炸的来源。希特勒认为是盟军战斗机偷袭时扔下的炸弹，约德尔则按着被吊灯砸的满头是血的脑袋说，是建筑工人在地板下安装了定时炸弹，因为炸弹把地板炸了一个大窟窿。这个时候，惊魂未定的人们才发现施道芬贝格不见了。希特勒开始怀疑施道芬贝格。当他在得知施道芬贝格在下午 1 时乘飞机飞往柏林时，便通过希姆莱下令，施道芬贝格在伦格斯道夫机场一下飞机立即逮捕，由于菲尔基贝尔切断了大本营与柏林间的通信，这个命令一直未传到柏林。

直到这时，"狼穴"大本营里还没有人怀疑柏林会发生什么事。大家认为，这仅仅是施道芬贝格的单独行动，如果他不飞往苏联，抓捕并不是一件难事。

◎ 11 小时平息叛乱

暗杀事件发生后仅 1 个小时，希特勒如期邀请墨索里尼共进午餐。他兴奋地谈论着自己大难不死的经历，认为这一切都清楚地预示了他和德国的命运，无论当前形势多么不利，胜利终将属于德意志第三帝国。当时在场的人说，希特勒欣喜若狂，早把死里逃生的经历抛诸脑后，确信他必将取得胜利，这种重新树立起来的自信也产生了其他后果。除了极少数人之外，希特勒从此不再相信其他军事指挥官，他很少接受来自部队的建议。在战场形势判断上，不再愿意听取与其想法不同的意见，这无疑给后来战争的进程带来了严重的影响。

用完午餐后，希特勒陪同墨索里尼视察了已经成为瓦砾场的会议室。他对墨索里尼说，他们亲手开创的要统治欧洲大陆的轴心并没有同样成为一片瓦砾。曾经趾高气扬、不可一世的意大利"领袖"，如今只不过是被纳粹特工从监禁中救出来由希特勒和党卫队支撑起来的一个伦巴底的地方"领袖"

而已。不过，希特勒对墨索里尼还是尽量表示出自己的"友谊"。希特勒热情地接待墨索里尼，带他看还在冒烟的、几小时前他几乎在这里送命的会议室残迹，而且预言他们的共同事业，不管遭到多少挫折，终将取得胜利。

希特勒和墨索里尼

希特勒指着一张被炸碎的桌子说："我当时正站在这张桌子旁边，炸弹就在我脚前爆炸……很明显，我决不会碰到什么不幸的意外。这无疑是命运要我继续前进，完成我的事业……今天在这里发生的事情是一个顶点！大难已经过了……我现在比过去更加确信，我所从事的伟大事业将必然度过目前的危机，一切都会得到很好的结果。"

墨索里尼看到这种场面，简直吓坏了。他怎么也想不通这种事情怎么能发生在德军最高统帅部大本营。这个意大利"领袖"，过去一听希特勒的话就像喝了迷魂汤一样，这次听了希特勒一番神乎其神的说教，居然仍然表示同意，他说："我们的处境的确很坏，也许可以说是近乎绝望。但是，今天在这里发生的一切给了我新的勇气。在这一奇迹之后，很难想象我们的事业会遭到不幸。"

20日17时，拉斯腾堡"狼穴"大本营中断4小时的通信设施恢复了正常。"狼穴"大本营马上收到了柏林的报告，表明在柏林也可能在西线爆发了军事叛变。在得知这一消息后，希特勒手下的将领们开始相互埋怨，相互指责、争吵。希特勒沉默地坐在他们中间，一筹莫展地吞下随身医生递给他的各种药片。他下令将施道芬贝格等一干人连根拔掉。

施道芬贝格到达伦格斯道夫机场后，马上和奥尔布里希特将军通话并让他立即按计划行事，不要等他到达班德勒街以后再动手，因为从机场到那里还需45分钟。柏林卫戍司令哈斯将军命令雷麦少校率领"大德意志"营占领政府所在地，这位军官立即开始行动。这时，恰巧一名年轻的宣传部纳粹党指导员汉斯·哈根正在给全营官兵讲课，他马上对这个命令起了疑心并到宣传部向部长戈培尔作了汇报。

雷麦在奉命逮捕戈培尔时，反被说服和与拉斯腾堡的"狼穴"大本营通了电话。原来，施道芬贝格的同伙们不但没有占领电话总局，甚至连线路都没有切断。一两分钟后，希特勒的声音出现在电话里。当雷麦在听筒中听到他曾无数次从无线电广播听到的熟悉声音时，坚信元首没死。希特勒在电话里立即提升雷麦少校为上校，并且命他镇压叛乱，只需服从戈培尔与从拉斯腾堡飞往柏林的希姆莱的命令。雷麦立即遵照希特勒的命令，从政府所在地撤回他的部队，并且占领了位于菩提树大街的卫戍司令部，还派巡逻队去阻挡那些正向柏林进发的部队，他自己则前往密谋集团总部所在地，准备抓获所有参与策划这起事件的人员。

18时30分，整个欧洲都听到了德意志广播电台播放的公告。公告宣告称有人行刺希特勒，但以失败告终。虽然施道芬贝格在半小时后给陆军各司令官发布了通报，告诉他们希特勒已死，但是广播对施道芬贝格等人所带来的损失是无论如何也补救不了的。施道芬贝格的同伙在布拉格与维也纳没敢轻举妄动。施道芬贝格的同伙们听到广播后，一个个呆若木鸡。不久，他们得知柏林卫戍司令哈斯将军被逮捕，希特勒的党卫队接管了柏林的所有部队，并准备向他们发动袭击。就在党卫队行动前，态度模棱两可的前补充军司令弗洛姆便解除了施道芬贝格等人的武装。他比党卫队还要急于剪除这些曾和他有关的人，这样不但可以灭口还能以此向希特勒表示忠诚。

弗洛姆下令立即在院子里枪毙施道芬贝格与他的副官哈夫登中尉、奥尔布里希特、参谋总部上校基尔海姆。在行刑队开枪前，施道芬贝格高喊："我们神圣的德国万岁！"贝克将军也落到了弗洛姆手里，他虽然被允许自杀，但两次开枪均没有成功，只好由一名上士结束了他的生命。

午夜时分，这次反希特勒的严重叛乱，仅仅在11个半小时之内就被平息了。希特勒在会上大声咆哮："这次要毫不客气地将罪犯干掉，不必开军事法庭，要把这些叛乱分子送到人民法庭。别让他们发表长篇演说，法庭要用闪电速度进行审判。判决宣布两小时后立即执行，用绞刑，不要讲什么慈悲！"

◎ 清洗，一个不留

8月7日，纳粹德国"人民法庭"对反希特勒集团成员进行了第一次审讯。维茨勒本元帅和所有参加叛乱的军官被押送到法庭。维茨勒本没有为自己辩解，立刻承认了参与密谋刺杀希特勒的行动。在法庭宣判他死刑时，他对法官们说："你们可以把我处决，但用不了3个月，愤怒的群众一定会找你们算账的。"次日，"人民法庭"对被告极尽侮辱后，判处维茨勒本元帅、霍普纳将军、施蒂夫将军、哈斯将军及另外4名军官绞刑。在普洛成西监狱，8名被判绞刑的人被送到了一个小房间，房间的天花板上挂有8个挂肉用的钩子。维茨勒本等人被剥掉上衣，绑住双手，脖子被套上了钢琴弦做成的绞索，绞索的另一头挂到肉钩子上。一架摄影机录下了行刑的全过程，8名被判死刑的人被吊起来，缓慢而痛苦地死去。行刑过程的影片马上被冲洗出来，以便供希特勒当天晚上在柏林的总理府内观看。

"7·20"谋杀事件失败后，施道芬贝格及很多参与事件的军官于当晚被处决。随后，又有许多人被捕。15 年后，联邦德国国防军总监豪辛格在致国防军军官的一项训令中提及"7·20"事件："那是德国历史上最阴暗时期的焦点，勇士们的救世主义的责任感使他们参加了那次暗杀行动。联邦国防军人对勇士们的牺牲精神表示无限的敬佩，勇士们无愧于人类的良知。"

在刺杀事件中起重要作用的最高统帅部通信处长菲尔基贝尔将军在 8 月 10 日被处死。密谋集团的其他主要成员之一戈台勒为躲避追捕，在德国流浪 3 个星期后，于 8 月 12 日被捕，9 月 8 日被判处死刑，1945 年 2 月 2 日被处死。原定在新反纳粹政府里主管外交事务的前驻意大利大使哈塞尔，在 9 月 8 日被处死。曾在希特勒的座机里放炸弹的特莱斯科夫将军为了不在"人民法庭"上受辱，在东线战场的阵地前沿拉响了手榴弹，炸掉了自己的脑袋。施拉勃伦道夫在 1945 年 2 月 3 日被带上"人民法庭"时，突然有一颗美国炸弹落了下来，不但炸死了审判官法赖斯勒，还炸毁了当时很多还活着的被告的案卷。审讯工作只好停止，施拉勃伦道夫奇迹般地保住了生命，后来被美军从秘密警察手中救了出来。

1944 年夏天至 1945 年初，"人民法庭"一直忙于开庭审讯，罗织各种罪状，被判死刑者多达 4980 人，另外还有成千上万人被投入集中营。就连曾与施道芬贝格等人有联系但态度不明朗的国内驻防军司令弗洛姆将军虽然于 7 月 20 日残酷镇压了政变，想以此显示对希特勒的忠诚，最终也未逃脱死亡的命运。他于第 2 天被捕，1945 年 2 月在"人民法庭"以"怯懦"罪受审，并被处死。鉴于弗洛姆协助挽救纳粹政权的功劳，他没被铁钩子吊死，在 1945 年 3 月 19 日被行刑队枪毙。

同样和施道芬贝格等人有联系态度忽冷忽热的德军西线总司令克鲁格元

帅，仍然没有摆脱死亡的阴影。"7·20"事件的当天傍晚，正在西线指挥作战的克鲁格收到两条情报：一条来自反希特勒集团的，说希特勒已经被炸死；另一条是来自德国电台广播，说希特勒还活着，午夜将通过广播向全国军民发表讲话。克鲁格拨通了最高统帅部总参谋长凯特尔的电话。凯特尔告诉他，希特勒还活着。不久，几位参与密谋行动的将军们来到克鲁格的指挥部。在指挥部昏暗的灯光下，克鲁格与将军们一起用晚餐。将军们恳求道："您不要忘了，在苏联前线时，您曾经同意支持我们推翻希特勒，尽管后来您又退出了，但没有人会怪您。现在，元帅阁下，陆军都在您的掌握中，几千万德国人的命运也在您的掌握中！"克鲁格说："是的，我承认那件事，但是现在希特勒还活着，他还有很大的威望。"

等将军们离开后，克鲁格立即写信给希特勒，向其表忠心，并谴责密谋者。根据被捕军官的供词，克鲁格和隆美尔都受到牵连，这连希特勒都感到不可思议。连续多日，克鲁格觉察到了希特勒对他的不信任，因为他的作战计划总是被希特勒否定。当时，党卫队对密谋者的大搜捕正在全国范围内进行，克鲁格对自己的命运非常清楚。8月17日晚，东线的莫德尔元帅前来接任西线德军总司令，同时带来了解除克鲁格职务的命令。两天后，克鲁格在回国途中，乘车来到一战时曾经战斗过的梅斯，吞服氰化物自杀。克鲁格死前曾给希特勒留下一封遗书："元首：当您看到这封信时，我已经离开了人世……德国人已经忍受了无数苦难，快下令停止战争吧！"希特勒下令秘密安葬克鲁格的遗体。不久，德国新闻广播宣称，克鲁格元帅因脑溢血病逝。

克鲁格死后，死亡之手伸向了隆美尔元帅。在施道芬贝格等人决定暗杀希特勒的时候，隆美尔尽管不赞成暗杀希特勒，但他决定用手中的兵权来推翻希特勒的统治。就在施道芬贝格等人暗杀行动的前3天，隆美尔从诺曼底前线返回德国途中，遭到盟军战斗机扫射，身负重伤，因此未能在"7·20"政变中发挥重要作用。10月14日中午，两位将军来到隆美尔家，他们带来了希特勒的最新指示。

鉴于隆美尔的战功及他在德军官兵和人民中的影响，希特勒决定给他服毒自杀的机会。这样，不但保证让他得到国葬仪式，还能保全他的家人性命。隆美尔没有任何怨言，默默地穿上了昔日"非洲军团"的军大衣，拿起元帅节仗，和两位将军一起上了车。15分钟后，隆美尔的家人接到了医院的电话，通知隆美尔已死。电话中声称，隆美尔因脑栓塞而死，原因是上次头盖骨受伤所致。希特勒为隆美尔举行了隆重的国葬，并向隆美尔夫人致电表示"最真挚的吊唁"。

至此，"7·20"暗杀与政变及余波才算结束，但是对德国战局的影响是深远的。战后，联邦德国第一任总理阿登纳坚决反对曾参与"7·20"事件的外交官科尔德进入内阁。隆美尔的家人坚决否认隆美尔参与了谋杀事件。直到20世纪60年代，大部分不明真相的德国人仍把施道芬贝格等人视为叛徒，拒绝用施道芬贝格的名字命名任何学校或者街道。后来，德国将"本德勒"大街改名为"施道芬贝格"大街，在施道芬贝格等人被处决的地方修建了纪念碑。每年7月20日，德国国防军都会在施道芬贝格等人的纪念碑前举行新兵入伍宣誓仪式。

第二章　不情愿的撤退

德军装甲部队和步兵部队在盟军的轰炸下，拼杀了一整天。在某些地段，德军曾使美军处于十分不利的境地。一天的激战结束，德军在莫尔坦以西仅剩下一个突破口。然而，希特勒仍然下达了次日清晨继续进攻的命令。

◎ 不承认陷入绝境

1944 年 7 月下旬，盟军在法国登陆的兵力达到 30 个步兵师和 13 个装甲师。盟军很多部队陆续在法国登陆，兵力不断得到补充。同时，盟军方面还掌握着绝对制空权。与此相反，德军只有区区 20 个步兵师和 8 个装甲师，兵力最多只达到编制数量的一半，且没有空中支援。

盟军准备从科坦丁半岛发动进攻，德国最高统帅部已经料到盟军将会获得成功。很多将领想让希特勒接受这种现实，并迫使他寻找出路，但遭到希特勒的断然拒绝。希特勒拒绝对任何人承认德军已经陷入绝境。后来，希特勒还是把第十五集团军的一些师派往诺曼底，然而为时晚矣，非但没有扭转战局，反而使兵力损失加大。

盟军陆军总司令蒙哥马利的计划是：美军第一集团军中路部队在佩里耶、圣洛之间发动进攻，以机械化部队向库汤斯方向快速突破，切断德军西翼部队的退路，继而发动大规模攻势，占领向法国增兵所急需的布列塔尼半岛各港口；美军第一集团军左翼和英军的 2 个集团军发动牵制性辅攻，其中英军第二集团军由卡昂以南地区进攻法莱斯方向。由于恶劣的天气影响了空军的出动，因此原定于 7 月 20 日发动的进攻被迫推迟了 5 天。

7 月 24 日下午 1 时，美国空军即将向德军发动空袭。由于战场上空云层太厚，美军的空袭行动被迫取消。这样做并没能够避免因战场识别混乱而导致的误伤，许多轰炸机没有收到取消轰炸的通知，空投了 300 余枚炸弹，其中一架飞机意外地将炸弹投到了盟军第三十师的阵地，造成 25 人死亡，100多人受伤。美军第一集团军司令布莱德雷大发雷霆，他如此气愤的原因并非因为上述人员伤亡，而是担心这种情况会引起德军的警觉。值得庆幸的是，虽然事情发生了，但德军没有改变他们的作战计划。当德第七集团军司令豪瑟向西线总司令克鲁格汇报情况时，并没有表现出特别的担忧。当时，德军装甲教导师师长拜尔莱恩认为，他的部队已经击退了美军一次大规模的进攻。

7 月 25 日，盟军出动大批飞机轰炸德军阵地，向纵深 8 公里、宽 1.5 公里的德军阵地投下 4700 吨炸弹。11 时，美军先头部队 3 个师在空军的掩护下，对德军狭窄的正面发起冲击。另有 2 个装甲师和 1 个步兵师随时准备跟进，经过先头部队占领的峡口向库汤斯方向进攻。

盟军的空中打击猛烈异常，但是美军先头部队进攻地带的德军火力并未受到完全压制。美军在德军没有受到轰炸的两翼遭到了激烈抵抗。这时，美军的兵力优势起到了关键作用。

7 月 26 日傍晚，美军进抵莱赛和佩里耶，而装甲部队则进抵库汤斯。美军的突击很有可能切断德军西翼部队的退路。德军以两个装甲师由东面发动猛烈反击，试图挽救危局，然而两个装甲师被美军铺天盖地的攻势淹没。德军西翼部队伤亡惨重，不过没有遭到美军合围。由于美军的攻势太猛，德军无法恢复其在圣洛以西的防线。美军立即利用这一有利态势，集结了8个步兵师和4个装甲师，在库汤斯两侧向南快速推进。

7月31日，美军占领格朗维尔和阿夫朗什，德军的防线被突破。此时，由"血胆将军"巴顿指挥的美军第三集团军已经做好攻击准备，该集团军辖3个机械化军。巴顿的任务是占领布列塔尼半岛，继而向南和东南方向推进，以便从南边包围德军。

巴顿，全名乔治·史密斯·巴顿，1885年11月11日生于美国加利福尼亚州一个具有文韬武略的传统家庭。18岁时进入私立弗吉尼亚军事学院学习，一年后获得入西点军校的保送资格。1909年6月，巴顿军校毕业，随即以少尉军衔在第一集团军骑兵部队服役。1939年9月，德国入侵波兰，第二次世界大战全面爆发，美国面临战争。巴顿的军事才能得到陆军参谋长马歇尔的赏识，认为他是能在战场上战胜快速机动的德军的优秀将才。1940年7月，马歇尔批准组建装甲师，巴顿受命组建一个装甲旅，并被晋升为准将。同年，巴顿被任命为第二装甲师师长，晋升为少将。

珍珠港事件之后，美国对德意日轴心国宣战。1942年1月，巴顿升任第一装甲军军长。11月，巴顿率领美国特遣队4万多名官兵横渡大西洋，在法属摩洛哥实施"火炬"登陆，经过74小时的激战，终于迫使驻摩洛哥的德军投降，北非登陆的成功为盟军顺利地完成北非战局部署创造了有利条件。随后，巴顿被任命为美国驻摩洛哥总督。1943年3月5日，巴顿临危受命，接任被隆美尔击败的美第二军军长，他从到达第二军的那天起，便全力以赴地整肃军纪，迅速改变了全军涣散的软弱状态。3月17日，面目一新的美第二军向德军发起进攻，一路猛攻猛打，进展迅速，很快与英军在突尼斯北部完成了对德军的合围。突尼斯战役不久，巴顿晋升中将军衔，任美军第七集团军司令。

1943年7月9日，盟军发起西西里岛登陆战役。巴顿指挥美第七集团军攻取巴勒莫，随后抢在蒙哥马利之前拿下了墨西拿城。盟军占领了西西里岛，德军被迫退到意大利本土。1944年，巴顿出任第三集团军司令，作为第2梯队参加诺曼底登陆，指挥装甲兵团横扫西欧大陆，直至奥地利。9个月时间，歼敌140万，解放大小城镇1.3万座，且相对伤亡最小。1944年12月，巴顿率第三集团军在阿登地区击退德军的猛烈反扑，解救了被围的盟军部队。1945年3月，巴顿再次抢在蒙哥马利之前渡过莱茵河。1945年5月初，巴顿的第三集团军一直推进到奥地利边境方才停下脚步。4月16日，巴顿被晋升为四星上将。1945年5月8日，德国投降，欧洲战事结束，巴顿被任命为巴伐利亚州军事长官。

12月9日，巴顿在外出打猎时突遇车祸而受重伤，21日在德国海德堡一家医院辞世，享年60岁。巴顿常常告诉他的部下，胜仗是用血和胆赢得的，因此获得了"血胆将军"的称号。他常常叼根雪茄，腰间挂着两支象牙把柄的54口径手枪。巴顿快人快语，经常口出粗言，在他的嘴里，德国人不叫敌人，叫"杂种"。他曾在记者会上坦率地为他的角色和政策做过总结："我们的任务是去杀人、俘房和征服。"他的坏脾气有好几次差点毁了他的事业，盟军总司令艾森豪威尔认为巴顿无可替代，所以才救了他。

这一天起，德国向法国收取的占领费从每天 5 亿法郎增至每天 7 亿法郎。根据德国的计算，法国缴纳的占领费总数为 5358.2 亿法郎。巨额占领费被用于各种用途。比如，德国人用它购买从法国运往德国的原料、粮食和其他产品；支付所得到的法国证券、购买名画等艺术品；支付召募到德国劳动的工人工资及家属的生活费；为德国党卫队、海关及税务机关提供经费；支付德国在法国的宣传费用；支付修筑"大西洋壁垒"的庞大经费。

为了防止法国维希政府采用一战后德国人的先例，将通货膨胀作为躲避制裁的武器，德国军事当局借助维希政府提供的大量资金，全力稳定工资和物价。这种制度带来的结果是黑市的泛滥和政府的腐败，维希政府和德国军事当局假装看不到黑市，想方设法到黑市上捞钱。比如，德国设有一些专门负责在黑市采购物品的机构。黑市物价的持续上涨使德国军事当局抑制物价的措施毫无作用，工资的增长远远迟缓于物价的增长。维希政府从未把破坏配给条例当成重大罪行处理，只处以少量罚金。由于维希政府对食物分配的控制不严，农民可以轻易地逃避法律，随便就能把食物卖到黑市上。至于德国人，只要自己的利益得到保障，他们从不关心法国政府怎样解决经济问题。

此时，西线德军节节败退，导致了德国对劳动力的需求越来越大，在德国的法国劳工总数急剧增长。德国从法国庞大的征集劳动力的工作遭到越来越多法国人的反抗。法国抵抗运动不断发展，而德国将镇压措施主要用在反犹太主义上。犹太人不管是否参加抵抗活动，一律挑出来当作人质处死。德国的反犹太政策给法国人中的反犹太分子创造了机会，位于马赛、维希、尼斯、巴黎等地的犹太教堂遭到袭击。相对来说，法国维希政府除了在行政人员方面限制犹太人外，始终不肯执行德国要求的极端反犹太措施。

◎ 如此命令等于自杀

盟军诺曼底登陆成功后，法国越来越多的地方获得解放。法兰西国内军队吸收了大量志愿者扩充为正规军，力量开始显现出来。当美军进抵阿旺瑟省后，约有 8 万法兰西国内军从事肃清该省残敌的工作。

盟军逼近巴黎时，考虑绕过巴黎进攻其他地区。巴黎的德军司令肖尔蒂茨将军同样不想让巴黎城毁于战火。肖尔蒂茨召开秘密军事会议，决定部队分批撤走，不处决人质，不执行希特勒的毁灭命令。

8 月 1 日，美军组建了第十二集团军群，布莱德雷任总司令，辖巴顿的第三集团军（第八、第十二、第十五、第二十军）及霍奇斯的第一集团军（第五、第七和第十九军），共 5 个装甲师、16 个步兵师，约 40 万人。

布莱德雷，全名奥马尔·纳尔逊·布莱德雷，1893 年 2 月 12 日生于密苏里州克拉克的一个教师家庭，1915 年毕业于美国西点军校。他与

盟军在意大利康迫恰罗进行巷战

艾森豪威尔是西点军校的同班同学，这将两人的军事生涯紧密地联系在一起。1918—1924 年，先后在南达科他州立大学和西点军校任教，后在步兵学校、指挥和参谋学校进修。1934 年毕业于华盛顿陆军作战学院。1939—1943 年先后任作战部助理部长、步兵学校校长、第二十八装甲师师长、第二兵团司令兼艾森豪威尔将军的战地顾问，曾参加北非战役、西西里战役。

当艾森豪威尔让布莱德雷评估北非战场上美军部队的实力时，他开始初露锋芒，建议撤掉第二军军长的职务。后来，巴顿接任第二军军长，布莱德雷担任副军长。当巴顿离开第二军后，布莱德雷接替了他的军长职位，指挥第二军继续在北非作战，然后作为巴顿第七集团军的一部分参加了西西里岛登陆。后来，艾森豪威尔任命他担任第一集团军司令，在诺曼底登陆中指挥美军在奥马哈和犹他海滩的登陆行动。

1944 年 8 月 1 日，布雷德利被任命为第十二集团军群司令，负责指挥美军抗击德军在阿登地区发动的反击战。当时，为了加强北部战区的指挥权，他被迫将部分部队的指挥权临时转交给英国陆军元帅蒙哥马利。1945 年 8 月，布莱德雷离开了第十二集团军群，总统杜鲁门命他负责处理老兵事务，1948 年初接替艾森豪威尔担任美国陆军参谋长。

　　1949—1953 年，布莱德雷被任命为美军第一任参谋长联席会议主席，连任两届。1950 年，晋升为陆军五星上将。在此期间，布莱德雷领导美军进行了朝鲜战争。1951 年 5 月，布莱德雷在国会就朝鲜战争作做证时说："假如按照麦克阿瑟的战略计划，把在朝鲜的战争延伸到轰炸中国东北和封锁中国海岸，那将会是在错误的时间与错误的地点，和错误的敌人打了一场错误的战争。"1953 年，布莱德雷退役，此后进入工业界，从事顾问工作。1981 年 4 月 8 日，布莱德雷因脑血栓发作在纽约逝世。6 天之后，"空军 1 号"把布莱德雷送往华盛顿，最终安息在阿灵顿无名英雄墓，享年 88 岁。著有回忆录《一个士兵的故事》《将军百战归》。

　　美军第三集团军的 4 个军刚在阿夫朗什集结完毕，司令官巴顿即刻命令各军呈扇形展开，第 8 军向西直扑布列塔尼半岛顶端的布雷斯特，其余部队向东推进。第十五军 3 天内向前推进了 110 公里，抢占了通往勒芒的公路。面对盟军绝对优势兵力的强攻，德军只能退到塞纳河一线防守。希特勒不相信西线总司令克鲁格，怀疑西线德军没有尽力作战，于是把加莱的第十五集团军的几个师调到诺曼底，又从法国南部调来兵力，准备和盟军决一死战。

巴顿将军

这时，希特勒若能接受克鲁格的撤退请求，德军是有机会避免被围歼的。克鲁格认为，由于阻止美军从登陆场发动进攻的企图失败，目前德军应避免被盟军合围，把布列塔尼半岛防守的那些部队撤出半岛，同时立即撤出法国西南部和南部。这样，德军还能在塞纳河或者塞纳河东南组成新的防线。然而，希特勒非但没有接受克鲁格的建议，反而向其下达了与之相反的命令。

8月3日，希特勒向克鲁格下达了代号为"吕希特"的作战命令，要求克鲁格必须坚守布列塔尼半岛；G集团军群应坚守法国西南部和地中海沿岸；通过反攻封闭盟军在阿夫朗什地域打开的缺口。德军如果掌握着制空权，这倒不失为一个合理的计划，问题是德军根本没有制空权，这就无异于自杀。

为了封闭缺口，希特勒命令克鲁格从正面防线无条件撤出所有装甲师，用这些师编成突击兵团，向阿夫朗什发动反攻，目的是切断美军第三集团军与后方的联系。由于盟国空军的不断空袭，截至8月6日，原定抽调的6个德军装甲师只有4个到达指定地区。这时，在所有正面防线上，德军的情况在恶化。美军第三集团军的一个军攻入布列塔尼半岛，另两个军向东进攻，推进到朗迪维—莫尔坦一带。

这时，英军向法莱斯方向发动的突击没有取得什么进展。英军在取得初胜后，被德军装甲部队的反攻所阻。蒙哥马利认为，德军东翼部队实力仍然强大。由于美军在西翼发动进攻，西翼战事比较顺利，因此蒙哥马利把英军的主要兵力转向科蒙地区，与从圣洛地域进攻的美军左翼部队共同突破德军的防线。然而，英军的这些进攻并未取得什么突破。

美军从圣洛地域发起的进攻得到了快速发展，一直推进到德军顽强抵抗的维尔河一带。德军第七集团军在维尔河防线掩护在莫尔坦的德军突击兵团北翼。英军在科蒙地区发动进攻后，遭到德军的顽强抵抗，进攻受阻。英军在激烈的战斗中艰难地向南推进。

8月4日，英军推进到瓦西地区，但无法占领蒙庞松山。此时，德军的压力更大，急忙把原定向阿夫朗什反攻的两个党卫军装甲师投入蒙庞松山。在东部，英军推进到蒂里阿尔库尔和布雷特维尔。

德军的突击兵团十分艰难地向莫尔坦以东地区反攻时，两个集团军的位置逐渐暴露，德军面临越来越大的威胁。德军部署在莫尔坦、维尔、蒙庞松山、布雷特维尔一带，南翼全部暴露，后方有被美军切断的危险。大部分坦克从正面防线撤走。德军已经没有什么兵力来阻挡美军第三集团军了。

德军突击兵团向莫尔坦实施反攻失败后又向北面发动反攻，这是德军最强悍的部队。盟军最高统帅部认为，德军装甲部队犯了兵家大忌，竟在得不到任何空中掩护的情况下在狭窄地段集结。由于德军突击兵团的运动非常艰难，此时希特勒又下达了特别命令，待更多美军通过阿夫朗什后，突击兵团再向美军发起反攻。随后，德军突击兵团又增加了一个装甲师，达到5个装甲师。德军左翼第十五集团军的2个步兵师在此次反攻中奉命实施牵制行动。

◎ 希特勒帮了盟军

8月6日，巴顿的第三集团军装甲部队以惊人的速度向前推进：向南方和东南方突击的部队猛攻克马延和拉瓦耳；向西面突击的其他部队，将德军

巴顿将军指挥的美军装甲部队

赶出了布列塔尼半岛的内陆，把他们堵死在半岛的各港口。布列塔尼的法国抵抗运动显得特别可贵，他们不断骚扰溃退中的德军，不让德军破坏那些可为美军利用的设施。

6日夜，德军突击兵团在不受盟军空军轰炸的情况下向美军阵地发动反攻。德军很快便取得了突破，夺回了莫尔坦。德军第二装甲师揳入美军阵地10公里。

8月7日凌晨，盟军的轰炸机群扑向正在进攻的德军第二装甲师，航空炸弹和火箭弹雨点般倾泻下来。德军的300架战斗机很快被盟军庞大的战斗机群包围，它们根本无法靠近战场。德军装甲部队和步兵部队在盟军的轰炸下，拼杀了一整天。在某些地段，德军曾使美军处于十分不利的境地。一天的激战结束，德军在莫尔坦以西仅剩下一个突破口。然而，希特勒仍然下达了次日清晨继续进攻的命令。

8月8日清晨，德军奉希特勒之命向美军发起新一轮反攻，结果以失败告终。希特勒不得不命令突入的几个装甲师撤回出发阵地，并命令于8月11日发动准备充足的新攻势。然而，德军的这一攻势注定无法实施。希特勒完全是在瞎指挥，根本没考虑美军第三集团军从南面对其形成的巨大威胁。

另一方面，由于德军在莫尔坦附近发动的反攻曾使美军受阻，所以美军调来两个机械化军。这两个刚到达法国的机械化军推进到拉瓦勒和马耶纳附近。起初，盟军最高统帅部的计划是切断德军的退路。由于德军继续在莫尔坦附近发动反攻，看来德军不打算避开合围。盟军总司令艾森豪威尔看透了希特勒的阴谋，决定利用这一极为有利的态势。

美军第三集团军奉命从勒芒北上，向阿朗松方向进攻。一个德军坦克师暂时击退了美军第三集团军的突击，很快就被美军强大的攻势击退。

黄昏时分，盟军1000多架重型轰炸机轰炸了通往法莱斯的公路两侧，加拿大军队沿着公路顺势而下，向法莱斯挺进。

8月9日中午，德军企图阻止加拿大军队的前进，开始发起反攻，在下午2点以前就被击退了。正当加拿大和波兰军队准备继续前进时，头顶上飞过500架美国空军的B-17轰炸机。这些飞机准备像前一天一样，在夜间实施轰炸，结果犯了灾难性的错误。由于炸弹落点离盟军友邻部队太近，炸死了许多己方人员，炸毁了不少己方坦克。

8月10日，巴黎铁路工人举行罢工。随后一个星期内，驱逐德国人的运动遍及整个巴黎。抵抗运动的各派领袖急于抢先在巴黎成立行政机构，并抢在盟军之前自己解放这座城市，以恢复法兰西的荣誉。因为德军已经准备投降，肖尔蒂茨将军通过瑞典领事诺德林的调停，与盟军缔结了停火协定。就这样，巴黎逃脱了被毁灭的命运。德军的广播车周游全市，宣布了停火协定，起义军遂与德军停火。肖尔蒂茨向盟国要求将巴黎交给正规部队。盟军最高统帅部立即命令自由法国第三师进驻巴黎。

8月12日，美军装甲部队突然出现在阿尔让唐一带，法国装甲师也赶到阿尔让唐以西的埃库舍附近，后面的美军3个机械化步兵师快速跟进。如果英军能够在德军主力东撤前，从北面发动进攻，及时突破德军在奥得河与迪沃河之间的防线，那么德军主力无疑会被全歼。

希特勒的错误指挥帮了艾森豪威尔的大忙。德军西线总司令克鲁格认为，在莫尔坦地区的反攻失败后，没有任何理由坚守危险阵地。他向希特勒再次提出请求：马上把主力撤过塞纳河，同时将G集团军群各师立即撤出法国西南部和南部，以便让这些师与从北面撤退的 B 集团军建立新的防线。这一请求很长时间没有得到答复，克鲁格准备自己承担撤退的责任，要求突击兵团撤过奥得河，进而撤过图克河；第七集团军准备从南面的栋夫龙、阿朗松一线撤退。事实上，克鲁格的撤退计划难以实施，因为它在很大程度上取决于盟军的行动。在克鲁格决定撤退前，美军已经在阿朗松以北推进很远，并在正面北段和西段采取了合围行动。

8 月 14 日夜，美军空降部队在法国南部离马赛 100 公里远的弗霄瑞斯西南地区成功空降，他们的任务是阻击德军预备队。为了保障盟军登陆的顺利进行，早在 4 月底盟军就开始对法国南部的公路和铁路进行了持续空袭，这种空袭在登陆战役开始前的最后 5 天达到了高潮。

另外，活跃在法国的抵抗运动组织到处破坏德军设施，抵抗运动组织中有 2.4 万人拥有武器，盟军在登陆前又给抵抗组织空运了供 5.3 万人使用的武器。在法国南部沿海驻防的德军第十九集团军的大量兵力被调到诺曼底方向，其兵力仅剩 7 个师，其中大部分属于预备师，没有卡车，更没有坦克。第十九集团军还要抽调大量兵力围剿法国的抵抗组织。马赛港一带和土伦港一带是德军的主要防御阵地，其他沿海地段由少量兵力防守。盟军飞机轰炸和扫射了罗纳河谷及各港口。所有迹象表明，盟军将从马赛和土伦登陆。如果真是这样，那么德第十九集团军的防御配置就是正确的。结果，盟军在两个港口以东很远的地方登陆，德军最高统帅部完全上了当。

◎ 猜透了丘吉尔的野心

  8 月 15 日，盟军总司令艾森豪威尔不顾丘吉尔的强烈反对，下令新锐部队于当日在法国南部海岸登陆。之前，丘吉尔想说服艾森豪威尔把准备用在法国南部登陆的兵力用在意大利。丘吉尔制订了一个让盟军新锐部队在意大利登陆的计划，以便解放意大利后，进攻巴尔干半岛，尽早结束战争。他认为，从军事上来说，美国的战略无可非议，但是在德国即将输掉这场战争时，德国人摆在首位的并非军事上的考虑和"无条件投降"，而是政治上的考虑。盟军一旦解放了意大利和巴尔干半岛国家，对德国的影响将是非常巨大的。丘吉尔的真正目的是使盟军比苏军更早占领巴尔干半岛，防止苏联控制东南欧国家。当然，丘吉尔并没有明说这种政治上的意图，但是艾森豪威尔早就猜透了丘吉尔的野心，因为英国人始终认为巴尔干半岛是他们的势力范围。

  艾森豪威尔坚定不移地执行罗斯福的战略：解放法国，进攻德国本土，歼灭德军。他认为，达到这一目的需要一个前提，那就是为保障盟军的补给，动用盟国的新锐兵力占领欧洲大陆最大的港口——马赛港，并歼灭法国南部地区的德军，从而为从法国诺曼底进攻的盟军两个集团军群解除翼侧威胁。另外，还有一种因素促使艾森豪威尔下定了这一决心，即从道义上来说，应当让编入盟军新锐部队的法军4个师参加解放法国的战斗，而不是把法军4个师用在遥远的意大利战区和巴尔干战区。

艾森豪威尔，全名德怀特·戴维·艾森豪威尔，祖先是德国人，1732年艾森豪威尔家族移居美国。1890年10月14日，艾森豪威尔出生在得克萨斯州丹尼森市的一个贫苦家庭，1915年毕业于著名的西点军校，后来曾在陆军指挥参谋学校和陆军大学深造。直至太平洋战争爆发，他仍然是一个默默无闻的军人。幸运的是，他长期在麦克阿瑟和马歇尔手下做参谋工作，得到了他们的赏识。1942年6月，在陆军参谋长马歇尔的举荐下，艾森豪威尔被任命为欧洲美军最高司令。在此之前，他从未实地指挥过作战。然而，他就任后的第一次重大任务——指挥美英联军在北非登陆，取得了圆满成功，证明了马歇尔慧眼独具，艾森豪威尔也因此声名鹊起。

1944年诺曼底登陆战的胜利，使得艾森豪威尔的声望达到巅峰。作为欧洲盟军最高统帅，他把注意力集中到战略性问题上。他乐于听取各种意见，谦恭有礼，但在原则问题上从不让步。他坚持英国战略空军必须在他的控制下；当其部下对于是否按计划使用空降部队发生动摇时，他毅然下令执行原定计划；在1944年底盟军打进德国后，他顶住了丘吉尔的压力，坚持不同苏联红军抢占柏林。正是由于指挥得当，诺曼底登陆作战及其后的一系列战役才取得了辉煌胜利。欧战结束前夕，他被授予美国最高军衔——五星上将，与其恩师麦克阿瑟和马歇尔同领该项殊荣。当他从欧洲战场凯旋回到美国时，受到了热烈欢迎。

1950 年北约成立后，由于受到杜鲁门总统的赏识，艾森豪威尔被任命为首任北约欧洲盟军司令，不久又获得美国总统大选提名，最终赢得大选。在 1952—1956 年的第一个总统任期内，随着冷战的开始，艾森豪威尔高度重视美国军队建设。1956 年，再次竞选总统成功。1969 年，因心脏病发作病逝于华盛顿。

为了在法国南部沿岸登陆，6 个美军师在那不勒斯上船，4 个法军师在奥兰上船，这些部队隶属于美军第七集团军。支援登陆的飞机从科西嘉岛和护送盟国登陆舰队的 9 艘航空母舰上出动。

15 日黎明，美国空降部队得到了大量补充，在阿尔让斯河口与那尔群岛之间的 40 公里海滩上，盟军强大的登陆舰队很快靠近海岸。7 时 30 分，盟军护航军舰与空军的大量飞机向德军海岸工事和防御阵地发动了猛烈攻击。

8 时，美军第七集团军在 5 个地点登陆。德军遭到盟军的舰炮和飞机的火力压制，损失惨重。兵力很少的德军在任何一处登陆地点都无法建立起防线。第七集团军从以往多次登陆中吸取了血的教训，他们决不从德军防守的地点登陆。登陆成功后，立即向内陆推进。事实上，只有在登陆场外围建立绵亘的防御地带，德军才能阻止盟军的推进。美军的快速推进使德军第十九集团军来不及采取反登陆措施，只能尽量多撤出一些即将陷入合围的步兵师。

这一天，希特勒再次拒绝了西线总司令克鲁格发来的关于撤退的计划。

在同一天，克鲁格违背希特勒的命令，私自下达了撤退的命令。然而，这一命令在执行前，克鲁格被希特勒解除了职务，由莫德尔元帅继任西线总司令。希特勒的理由是，克鲁格经过几周的紧张指挥该休息了。莫德尔在来法国前，认为德军能够挡住盟军的攻势。可是，等他来到法国后，很快便发现，以现有的兵力完全没有任何希望。于是，莫德尔向希特勒要求30个师的增援并补足20万缺编人员。当时，苏军对德国的威胁更大，希特勒显然无法满足莫德尔的要求。事实上，莫德尔的目的只是想向希特勒证明，前任克鲁格多次向最高统帅部提出的关于西线局势严峻的报告是正确的。

莫德尔

莫德尔，全名奥托·莫里茨·瓦尔特·莫德尔，1891年1月24日生于德国马格德堡附近的廷根，是一名音乐教师的儿子，从小立志做一名军人。1909年，他应征入伍。在一战中，他曾经担任各种参谋职务，战后继续留在军中服役。

莫德尔非常崇拜希特勒，于是加入了纳粹党。在他的余生里，始终是一名虔诚的纳粹党徒。莫德尔曾担任过第十五军军长、第三装甲师师长和第四十一装甲军军长，先后转战于波兰、法国和苏联。1942 — 1944年期间，他负责指挥第九集团军，同时接任驻乌克兰北方集团军群司令，1944 年 6 月，担任中央集团军群司令，8 月份又调任 B 集团军群司令。

希特勒非常欣赏莫德尔（最主要的原因是，与大多数高级军官相比，他没有深厚的背景），总喜欢将莫德尔派往各地处理各种棘手的问题，从而使他落下了一个"元首的救火队员"的绰号。莫德尔非常明智地认识到，即使希特勒的决定缺乏理性，但和他争论是没有任何作用的，执行元首的命令是最好的选择。但是，在执行命令的过程中，他能够将这些命令解释得合乎常理。这表明，他能够很成功地将希特勒的想法与现实吻合起来。突出部战役结束后，莫德尔继续指挥他的 B 集团军群作战。1945 年 4 月，B 集团军群在鲁尔被盟军包围，莫德尔不愿投降，于 1945年 4 月 2 日开枪自杀。

新任西线总司令莫德尔无法帮助德军摆脱危机。他命令几乎被包围在法莱斯地区的部队尽量坚持一段时间。莫德尔的命令其实没有任何意义，因为盟军的猛攻迫使德军竭尽全力扼守通往德国的通道，以便撤离遭到半合围的阵地。莫德尔将几个装甲师配置在法莱斯与阿尔让唐之间的狭窄走廊两翼，以便坚守撤退通道。此时，德军各步兵师被迫互相掩护撤退，当各步兵师逃过奥得河后，盟军的包围圈更小了。

此时，德军各部队混乱不堪，地盘越来越小，指挥系统几乎遭到破坏。盟军大量轰炸机编队通过连日来的空袭，使德军后勤部队和撤退部队中日益严重的混乱状态更加糟糕。被围歼的预感瓦解了德军的抵抗，官兵们发生了骚乱，不惜一切代价避免被俘或被杀，结果阿尔让唐和法莱斯之间的狭窄走廊成为德军溃逃的通道。为了歼灭围困在阿尔让唐、法莱斯地区的德军，巴顿的第三集团军 3 个军分别向奥尔良、沙特尔和德勒发动进攻。

◎ 贻误战机

8月16日，美军占领法国中北部城市沙特尔和德勒。与此同时，加拿大部队艰难地打开了通向法莱斯的道路。美军向阿尔让唐发动的攻势受挫。美军一边不停地进攻，一边把主力用于实施大规模的迂回包围上，以便从东面切断德军主力的退路。

同一天，美国3个师利用在海岸防线中打通的缺口，快速向法国南部的马赛和土伦冲去。他们的任务是进抵罗纳河下游河谷，经过格勒诺布尔平行推进，再转向蒙泰利马尔和瓦朗斯，切断沿罗纳河谷地向北撤退的德军后路。美军完成法国南部登陆后，就连希特勒都不得不承认，以德国第十九集团军的虚弱兵力和机动能力无法把美军阻止在登陆场上。第十九集团军最要紧的是保命，但是其机动能力太差了。

8月17日，希特勒在B集团军群惨败的影响下，命令把该军群的最后3个后卫师从大西洋沿岸地区撤往奥尔良和蒙彼利埃。事实上，这3个后卫师

二战时期解放法国战场图片

已经无法撤退。

8月18日，希特勒下令将仅剩10个步兵师的G集团军群徒步撤回马恩河上游、索恩河和瑞士边界。与此同时，美军第七集团军在戛纳展开兵力，并继续向西推进。

这一天，美军占领法国中部城市奥尔良。希特勒无法应对这一进攻，因为他长期顽固地坚持防守计划。希特勒命令驻扎在大西洋沿岸卢瓦尔河与比利牛斯山脉之间的第一集团军掩护第七集团军的翼侧与奥尔良方向。德军第一集团军在奥尔良、德勒附近建立了新防线，希特勒答应给他们增援第十五集团军的2个师和党卫军的一些教导分队。就这样，美军1个军的推进暂时被德军阻挡在奥尔良、德勒一带。这并非因为德军第一集团军的有力抵抗，而是因为美军后勤补给出现了问题。

德军第一集团军的这点兵力根本无法守住长达 100 多公里的防线。当时，盟军后勤部队无法保证从各港口给远距离推进的盟军进行足够的补给。这主要是因为保存下来的一个人工港和一直未能完全修复的瑟堡港的卸载能力有限，不能满足盟军的供应，尤其是对弹药的巨大需求。针对这一问题，盟军只好进行空中运输补给。美军第三集团军完成了主要任务，即切断从包围圈中撤退的德军的东撤之路。对盟军来说，抢占塞纳河下游各渡口和切断正往塞纳河对岸撤退的德军第七集团军和突击兵团的退路是关键。

8 月 19 日，巴顿的先头部队进抵塞纳河，并在河对岸建立了登陆场。此时，盟军得到消息，巴黎以西的整个地区没有德军。于是，巴顿派一个军沿塞纳河左岸向西北推进。为了解除这一威胁，德国 B 集团军群从第十五集团军调来 3 个师，负责在埃夫勒掩护撤过塞纳河的德军主力翼侧。然而，这 3 个师遭到重创，被巴顿的部队追击到埃尔伯夫，在这里与德军各装甲师携手全力抵抗。

盟军空军不间断的轰炸和扫射给德军突围部队带来了巨大的损失，甚至比地面作战的损失还要大。蒙哥马利开始整顿包围圈附近的加拿大部队和英军，以发动新的进攻。包围圈以北的迪沃河一带，德军还有 3 个师，它们防线的北翼紧挨着海边。这 3 个师分批撤过图克河，负责掩护德军主力的北翼。在图克河口—利西厄—奥尔贝克地段上，英军受到 3 个德军师的顽强抵抗。在利西厄，这种抵抗持续到 8 月 24 日。他们的抵抗暂时挡住英军进攻德军主力，保障经过鲁昂和塞纳湾之间狭窄地段撤退的德军主力撤过塞纳河。另外，德军其他后卫部队于 8 月 22 日前一直坚守着塞纳河边的吕格勒地域。在吕格勒附近，向卢维耶方向进攻的英军第二集团军与沿塞纳河向西北方向进攻的美军第三集团军相遇，结果英军和美军在行进时多次交叉推进。

蒙哥马利认为保持英军的进攻地带，比给美军让路更加重要。事实上，盟军这样交叉推进对撤退的德军来讲，本来能够造成灾难，然而蒙哥马利与美军将领之间产生了摩擦，这些情况导致德军不少部队趁机撤到了塞纳河。渡过该河本来很困难，早在盟军登陆以前，盟军空军已通过空袭破坏了塞纳河上的所有公路桥和铁路桥。德军在盟军登陆前，在河上建立了门桥渡口系统，用来保障后勤补给。德军不缺乏渡河工具，但是在鲁昂地区的很多渡口聚集了大量撤退的部队，成为盟军轰炸机的靶子。盟军轰炸机向德军集结地以及门桥、渡船不断轰炸。德军只能在晚上渡河，白天把渡河工具藏在塞纳河附近。在后卫部队的拼命抵抗下，德军的渡河一直持续到 8 月 28 日，其中一些后卫部队在南岸一直抵抗到 8 月 31 日。

莫德尔认为坚守塞纳河北岸是不现实的，撤过塞纳河的两个集团军兵力不足，无法完成防守任务。另外，美军第十二集团军群已经在上游渡过塞纳河，德军失去了防守塞纳河的意义。蒙哥马利命令美军第三集团军在奥尔良、沙特尔一带进行短暂休整。美军第一集团军各师围歼了法莱斯地区的德军，也进行了短暂的休整。蒙哥马利给美军的这两个集团军规定的任务是继续进攻沙特尔—奥尔良—特鲁瓦—兰斯—亚眠一带。盟军在绕过巴黎时，驻巴黎的德军与盟军缔结了"停战协定"。

德国最高统帅部作战局局长约德尔在日记中写道："元首谈到了军用物资和人员安排等问题……准备在 11 月份发起进攻（笔者注：阿登反击战），因为此时的天气不利于盟军飞机发动空袭。关键是，要在一到两个月内，务必将 25 个师转移到西线。"

◎ 希特勒的防御命令

8 月 20 日，法国维希政府总统贝当在德国的武力押送下，来到新政府所在地贝耳福。贝当给希特勒留下一份抗议书，宣称暴力行为使他无法行使国家元首的特权，还留下一份告全民书。这时，巴黎的合作者们崩溃了。一些人藏了起来，一些人加入抵抗运动的队伍。达尔南在法国东部率领 6000 人的民团从法国银行抢走一笔巨款，撤退到德国。

对维希政府这帮人来说，贝耳福只是一个短暂的避难所。当德军被迫撤离时，维希政府的部长们都被送到德国。在戴阿和德·布里农的主持下，一个政府委员会以贝当的名义在德国成立。

同一天，法军包围法国南部港口土伦，次日包围马赛。美军右翼部队沿迪朗斯河向西推进，另一些美军部队在迪朗斯河弯曲处北上。德军缺少汽车，根本无法阻挡美军，美军几乎没有遭到什么抵抗。

8 月 22 日，盟军陆军总司令蒙哥马利非常乐观地大胆预言："战争就要结束了，我们将很快结束战争。"盟军统帅部总司令艾森豪威尔下令两个集团军群推进至莱茵河后，立即停止进攻，等补给物资准备充足后，再利用有利时机夺取河对岸的登陆场，在占领安特卫普前将不再向东发动进攻。

8 月 23 日，艾森豪威尔召开军事会议，和蒙哥马利讨论"狭窄进攻正面战略"的问题。当艾森豪威尔和其他将领一致认为后勤出现危机时，蒙哥马利也就无法再劝说艾森豪威尔支持他的"狭窄进攻正面战略"了。后来，盟军的后勤危机的确成了主要障碍。

同一天，美军进抵格勒诺布尔，进而快速向西推进，切断了德军最后的退路。为了避免被围歼，德军在通向蒙泰利马尔和瓦朗斯的公路上建立了护路队。另外，由于美军的推进速度太快，后勤部队跟不上。美军燃油缺乏，只能通过空军运送。美军和法国抵抗运动的部队共同占领了布里昂松。在意大利的德军越过边界发动了反攻，美军和法国抵抗运动的部队被迫于月底撤出该市。与此同时，在迪朗斯河谷及其以南推进的美军，在多处超过了徒步撤退的德军部队。

8 月 25 日，美军第十二集团军群和英军第二十一集团军群从各自的登陆场出发，强渡塞纳河，快速向前推进。这一天，驻法国的德军司令肖尔蒂茨代表驻军签署了投降协议。

同一天，希特勒发布了《关于构筑西线防御阵地的命令》，命令全文如下：

一、我命令采用征募民工的办法在以下地段构筑西线阵地。

1. 在已勘察好的埃斯考河—阿尔贝特运河一线，直到亚琛以西地区（与大西洋壁垒相连接），由大区指导部部长驻比利时和法国北部地区帝国特派员格罗厄负责。

2. 从特里尔西南的西线壁垒至摩泽尔兰德大区和西马克大区之间分界线的摩泽尔河一线，由大区指导部部长西蒙负责。

3. 从西马克大区的边界经梅斯兵工厂—迪登霍芬—圣阿沃尔德以南地区直到萨尔阿尔本的摩泽尔河一线，由大区指导部部长比尔克尔负责。

4. 从萨尔阿尔本到贝尔福的已勘察好的孚日山脉阵地，不管阵地某些部分是否属于毗邻的大区范围，均由大区指导部部长瓦格纳负责。

另外，从梅斯以南经南锡—厄比纳尔直到圣莫里斯的摩泽尔河一线，由驻法司令根据特别命令负责构筑工事。

二、陆军装备主任兼后备陆军司令在 1944 年 8 月 14 日的 G105 号绝密文件中报告的防线的走向，已获批准。首先应在马斯特里赫特和亚琛之间建立一道经过瓦尔肯堡的防线。晚些时候再在稍南一些的地方建立一道经过埃本至埃马埃尔的防线。

三、所有防御阵地的军事任务，由陆军装备主任兼后备陆军司令根据国防军统帅部的命令自行处理。在陆军装备主任兼后备陆军司令领导下，遂行军事任务的指挥官和军事机关如下：

1. 驻比利时和法国北部地区国防军司令。

2. 第十二步兵军副军级司令部。

3. 第五步兵军副军级司令部。负责的地段与大区指导部部长负责的地段相一致，即使部分阵地位于友邻军区的范围内也是如此。

陆军装备主任和受他委托的军事指挥机关，在已开始工作的各勘察指挥部和计划成立的各工程兵特别指挥部的帮助下，负责如下工作：

1. 阵地的战术走向（据勘察情况来具体确定）。

2. 各个地段阵地构筑的先后顺序。

3. 阵地构筑方式。应根据战术和技术经验以及所掌握的工具来确定。

四、阵地构筑的要求：首先设置绵亘的防坦克障碍物，在阵地朝向敌人的那一面设置毁伤区，之后建立连绵不断的呈纵深梯次配置的防御体系。重要方向上的防御体系应能得到附近的永备工事的加强。

在梅斯兵工厂—迪登霍芬一线，包括马奇诺防线的某些地段，应对现有的工事进行改造，将无用的工事毁掉。

关于阵地构筑的专门指示，由国防军统帅部的工程兵与要塞勤务主任下达。

五、所有参加阵地构筑的军事机关和部队，归其上级军事指挥机关领导。在执行纯劳动任务时，它们应遵照大区指导部部长的指示行事。

六、民工的征募和使用是各大区指导部部长的任务。对民工（包括参加构筑阵地的托特组织成员）的管理和后勤补给也由各大区指导部部长负责。

七、托特组织在阵地构筑方面的使用：根据大区指导部部长和托特组织之间直接达成的协议，托特组织负责提供必要的工程机械和在工程作业时进行业务监督。阵地构筑由有关的大区指导部部长负责。托特组织地段办事处作为技术服务部门应经常到大区指导部部长那里协助工作。

八、应通过下达特别指示来对整个物资采购工作作出规定。

九、各大区指导部部长尽快将阵地构筑的组织计划和征募劳工的情况通过党办公厅主任向我报告。陆军装备主任兼后备陆军司令应在每个月的 1 日和 15 日将阵地构筑和工程进度方面的情况通过国防军统帅部、国防军指挥参谋部向我报告。

（签字）阿道夫·希特勒

8 月 26 日，戴高乐回到巴黎，步行走过香榭丽舍大街。法国海军上将奥方拿出维希政府总统贝当很久以前签署的一份文件，希望成立和解政府。戴高乐拒绝了这一建议，他早就向法国人民承诺过，决不跟维希政府达成任何谅解。此时，国内外的抵抗运动领袖们会集在巴黎，盟军登陆后不久就有了一个法国人的政府。

戴高乐

8 月 27 日，美军推进至阿维尼翁和阿尔勒，俘虏德军 2.4 万人。美军推进到罗纳河河谷后，立即向北疾进，于次日在蒙泰利马尔一带粉碎了德军后卫部队的抵抗。

8 月 28 日，当一些德军支撑点的最后抵抗被粉碎后，土伦市和马港市被法军解放。

8月29日，美军快速推进至瓦朗斯。在里维埃拉地区，美军出动较少的兵力进攻法意边界，遭到德军的疯狂抵抗，进攻被迫停止。美军在大海与瑞士边界之间的西阿尔卑斯山建立了战线，一直打到战争结束。

同一天，希特勒发布了《关于构筑德意志湾防御阵地的命令》，命令全文如下：

一、为增强德意志湾的防御力量，我命令：

1. 从丹麦到荷兰边界的整个海岸，以及迄今尚未构筑工事的北弗里西亚群岛和东弗里西亚群岛，构筑工事。

已构筑好永备工事的岛屿应具有充分的防御能力。

2. 勘察好地形，采取各种有效措施，以便在短期内以丹麦边界为起点，在距海岸10公里的后方构筑第二道防线；沿德国—丹麦边界的走向构筑一道防御阵地；在威廉皇帝运河（笔者注：今德国北部的基尔运河，又名北海—波罗的海运河）以北的石勒苏益格—荷尔斯泰因地区修筑另一道防御阵地。另外，由驻丹麦国防军司令负责在德国—丹麦边界以北地区勘察和构筑若干个东西走向的防御阵地。

二、工事构筑工作由大区指导部部长考夫曼负责。为此，他可以采取一切可以采取的手段，还可动用托特组织。

三、军事任务由北线海军总司令根据国防军统帅部、国防军指挥参谋部的命令处理。在该司令的领导下，第十步兵军副军级司令部负责军事任务的执行，其任务如下：

1. 勘察整个防御体系（包括确定物资的需要量），确定永备工事和野战工事的位置，计算出担负整个防御任务所需要的兵力。

2. 确定防线的战术走向。

3. 规定各地段工事构筑的先后顺序。

4. 依据战术和技术经验及所掌握的工具，确定工事构筑的方式。

除了已有的第三勘察指挥部外，由第十步兵军副军级司令部再组建若干个勘察指挥部。勘察指挥部成员由各兵种军官组成，这些军官由陆军人事局分配给第十步兵军副军级司令部。

第十步兵军副军级司令部负责组建构筑工事所需的工程兵指挥部。

德意志湾地区使用的海军要塞工程兵在该地区执行上述任务时，归第十步兵军副军级司令部领导。

除此之外，所需要的人员由第十步兵军副军级司令部向国防军统帅部工程兵主任申请。

四、构筑工事方针。

第一，急需构筑工事的地方：北弗里西亚群岛和东弗里西亚群岛，济耳特岛对面的海岸地段；艾德施泰特半岛，易北河—威悉河河口的防线，德尔夫宰尔附近的埃姆斯河河口。

第二，在其他海岸上构筑工事。工事构筑应这样进行：设置绵亘的防坦克障碍物，建立纵深梯次配置的防御体系，该防御体系将得到附近的永备工事的加强。有关工事构筑方面的特别指示，将由国防军统帅部工程兵与要塞勤务主任下达。

五、所有参加阵地构筑的军事机关和部队归其上级军事机关领导。

执行劳动任务时，它们应遵照大区指导部部长的指示行事。

六、民工的征募和使用是大区指导部部长的任务；对民工的管理和补给，也由大区指导部部长负责。

七、托特组织在构筑阵地方面：按照大区指导部部长和托特组织之间直接达成的协议，托特组织负责提供必要的工程机械及工程实施过程中进行业务监督。工事构筑由大区指导部部长考夫曼或他指定的机构负责。托特组织地段办事处作为技术服务部门应经常到上述机构协助工作。

八、通过下达特别指示对整个物资采购（申请、分配和运输）工作做出规定。

九、大区指导部部长考夫曼应通过党办公厅主任尽快向我报告有关工事构筑的组织计划和征募劳工的情况。北海海军总司令部应在每月的1日和15日通过国防军统帅部、国防军指挥参谋部向我报告有关工事构筑和工程进度情况。

（签字）阿道夫·希特勒

8月底，美军第三集团军从塞纳河流域出发，半路上仅在一些渡口遭到德军第一集团军的一些部队的抵抗。美军在圣迪齐耶与埃佩尔奈之间渡过马恩河后向东推进，在图勒与凡尔登之间的宽大正面强渡马斯河。美军行进间，在图勒地域强渡了摩泽尔河。

第三章　疯狂的作战计划

希特勒认为单纯的防御永远不能取得胜利。在这最后时刻，希特勒寄希望于英美和苏联的分裂。他害怕苏军，而从骨子里瞧不起盟军。因此，他认为明智的方法是集中兵力击败盟军，然后调过头来全力对付苏军，阻止其突入德国东部各省。

◎ 希特勒要打反击

1944 年 9 月，希特勒开始酝酿一个新的作战计划，打算竭尽全力向盟军发动一次强大的反攻。此时的德国正处于苏联红军和英美盟军的东西夹击之中，希特勒不甘心地对属下说："这有什么了不起的，历史上从来没有像我们今天遇到敌人那样如此复杂……一方面是资本主义国家，另一方面是共产主义国家；一方面是垂死的大英帝国，另一方面是一心想取代英国的美国……我们如果能够坚持到最后，敌人的联盟就会垮台。"

希特勒制订反攻计划的设想是：集中兵力快速突破盟军的防线，直取默兹河。之后，分兵进攻布鲁塞尔和安特卫普，歼灭盟军的有生力量，切断盟军的补给线，彻底扭转西线的被动局面，这样就可以把西线的兵力调往东线抵抗苏军。实施反攻计划最基本的条件是，抽调具备相当战斗力的部队参加反攻，希特勒决定亲自指挥这场反击战。

希特勒认为，这次反击是德军最后扭转局面的机会，而卢森堡、比利时与德国交界的阿登地区则是"国防军现有部队能够突破的地方……那里的盟军防线单薄，艾森豪威尔不会想到德军会在他们的后方发动反击。"希特勒认为，充分利用盟军毫无防备的有利条件，在盟军飞机无法起飞的恶劣天气发动突然袭击，一定能够取得胜利。

希特勒为使反击战获得成功，采取了严格的保密措施：更换了部队的番号，更换了兵种制服；用木炭烧饭和取暖；晚上派运输机、战斗机沿前线飞行以掩盖坦克发出的声音；马匹在路过碎石山路时，用布裹住马蹄；车辆过后，将车迹抹掉；白天，根据预定计划频繁调动部队，以迷惑盟军。德军在盟军毫无准备的情况下，利用自身非常熟悉阿登地区地形地势的优势秘密调兵。

希特勒认为单纯的防御永远不能取得胜利。在这最后时刻，希特勒寄希望于英美和苏联的分裂。他害怕苏军，而从骨子里瞧不起盟军。因此，他认为明智的方法是集中兵力击败盟军，然后调过头来全力对付苏军，阻止其突入德国东部各省。希特勒不想让西线的指挥官过早知道他的意图，更不想听他们的意见。他只同最高统帅部人员一同制订反攻计划。直到10月底，希特勒才向西线集团军群总司令龙德施泰特和B集团军群总司令莫德尔透露了反攻计划。

根据阿登反击计划，由28或30个德国师组成的2个装甲集团军，从蒙绍和埃希特纳赫间发起突袭，第七集团军发动突击掩护南翼，在列日与那慕尔强渡马斯河，迂回攻占布鲁塞尔、安特卫普，切断突破地段以北盟军的退路，并把盟军歼灭。

希特勒准备在11月25日发动这次反击战，他向龙德施泰特和莫德尔保证：油料完全够初期使用，后期在盟军那里夺取储备油。空军总司令戈林说，空军可以出动3000架飞机，包括现代化的喷气式战斗机。希特勒认为800架飞机足够。

希特勒的反攻计划让龙德施泰特和莫德尔感到震惊，两个人原则上没有反对，但是他们认为现有兵力太少，应该把战役限制在小范围内。按照希特勒的计划，要发动纵深达200多公里的大反攻，靠30个师显然是不够的。另外，二人怀疑那些师能否按期到达出发阵地，在进攻时能否保障突击兵团的西翼。反攻必须在部队有把握获得突破的地段发起，所以应该选择一个美军部队兵力相对薄弱的地段，突破后需要继续扩大战果，使西线局势变得对德国有利。经过对西线战场认真调查、周密考虑后，希特勒确定美军防线薄弱的艾弗尔地段为突破地段，安特卫普港为最后夺取目标。

9月初，部署在法国西南沿岸地区的德军第一集团军残部一边与法国抵抗运动的部队作战，一边撤退。德军在朗格勒高原作战，这种形势使希特勒想入非非，认为德军在摩泽尔河以西埃皮纳勒一带把B集团军群几个装甲师和加强装甲旅改编为新的第五装甲集团军，从那里反攻美军第三集团军的南翼部队。希特勒决定任命曼陀菲尔为第五集团军司令，负责实施这一反攻计划。在第五装甲集团军赶到指定地区前，位于摩泽尔河以西沙尔姆和纳夫沙托之间的德军北翼部队因美军第三集团军右翼部队的进攻而伤亡惨重。

曼陀菲尔，全名哈索·埃尔德·冯·曼陀菲尔，纳粹德国著名的装甲兵将领，1897年1月14日生于波茨坦的一个显赫的普鲁士贵族家庭。1916年参加德皇军队，后在国防军和德国武装力量中服役。1940—1941

年在隆美尔麾下任装甲师长。1941—1944年指挥第七装甲师和国防军"大德意志"师，曾参加过莫斯科、基辅、日托米尔、雅西等战役。1943年5月1日，曼陀菲尔被晋升为少将军衔。1944年9月任第五装甲集团军司令，参加了阿登战役。1945年3月任第三装甲集团军司令，先后在科尔堡、普伦劳茨、新勃兰登堡等阻击苏联红军。1945年5月3日，在德国北部的哈格垴，曼陀菲尔率领他的第三装甲集团军的残部向英军投降，成了一名战俘。

1945年5月—1946年12月，曼陀菲尔作为一名战俘被转辗关押在英国的几处战俘营，后来移交给美国人，关押在德国的马尔堡的战俘营中。在关押期间，曼陀菲尔参与了美军部队战史档案的编写工作，他从一名对手的角度给美国人提供尽可能有价值的军事信息，一起研究阿登反击战中的机械化作战问题。1953—1957年，曼陀菲尔加入了西德的自由民主党，并成为该党的一名国会议员。

1959年，德国杜塞尔多夫的一个法庭对他提出指控。原来他在1944年1月13日以胆怯的罪名下令宣判一名19岁的哨兵死刑并执行，当时该士兵在乌克兰的瑟柏托夫卡某处站岗值勤，眼睁睁地看着2名战友被苏军活捉，既没有实施救援也没有向上级报告。军事法庭判该士兵两年徒刑，但是曼陀菲尔非常气愤，认为此情况有违战友之间的感情，必须严惩。1959年8月，法院宣判曼陀菲尔有罪，他被判处了18个月的徒刑，但是由于联邦德国总统西奥多·休斯代为求情，曼陀菲尔只服了2个月的刑就被释放了。出狱后，他多次应邀去美国访问，并在各处演讲，还应邀出席过西点军校的毕业典礼。1978年9月24日，曼陀菲尔在奥地利的特洛尔去世。著有《第七装甲师 1939—1945："鬼师"》《大战中的抉择：闪电战中潜在的和平》(合著)。

　　西沙尔姆的德军被迫撤过摩泽尔河。这一撤退暴露了曼陀菲尔的第五装甲集团军侧翼，该集团军一部被迫提前投入战斗，伤亡惨重。由于美军第三集团军已经占领南锡，开始向吕内维尔推进，这样在德军第一集团军和在沙尔姆以南的第十九集团军之间形成了缺口。在朗格勒高原东北会师的盟军两个集团军很可能从缺口突入。希特勒给第五装甲集团军下达的进攻任务原本没有任何成功的可能，现在进攻任务反而变成了现实的防御。希特勒命令该集团军在靠西地段封闭缺口。经过两周血战，曼陀菲尔勉强完成了任务。

　　在摩泽尔河一带，美军第一集团军从巴黎以南和以北的塞纳河建立了登陆场。几天后，美军第一集团军从巴黎地区向东北方向推进，其两翼的两个军快速进抵苏瓦松和亚眠以北。该集团军在中路进攻的那个军在贡比涅一带与撤到这里的德军 3 个师遭遇，双方发生了激战。根据最初计划，这 3 个德军师应坚守索姆河与瓦兹河之间的地区，然而德军的全面溃退使坚守没有任何意义。这 3 个德军师撤到这里后承受着南面美军第一集团军一个军的强大压力，后来又受到该集团军两翼两个军的迂回围攻，结果在贡比涅和蒙斯之间被美军围歼。

◎ 发现防线弱点

9月1日，艾森豪威尔对蒙哥马利的指挥越来越不满，决定收回指挥权，亲自指挥盟军的地面作战。蒙哥马利认为应继续由他指挥地面作战，但是被艾森豪威尔拒绝。艾森豪威尔认为，根据诺曼底登陆计划，之前的战役早就超出了登陆场的范围，当初盟国只委任蒙哥马利对面积有限的登陆场地面作战进行集中指挥。艾森豪威尔的计划是英军第二十一集团军群向北进攻，美军第十二集团军群分散进攻。这一计划的确有很多优点，然而由于这个决定作出较晚，加上给各集团军传达命令时出现通信故障，造成以后各集团军作战的混乱。

同一天，希特勒发布了《关于做好大西洋壁垒防御准备的命令》，命令全文如下：

一、为做好大西洋壁垒的防御准备工作，我命令：

1. 通过构筑野战工事加强防御阵地。

2. 在西线壁垒至艾瑟尔湖已勘察好的延伸地段修筑野战工事，如有可能则构筑永备工事。

二、所有工事构筑工作靠征募民工的办法来进行，委托下列人员负责：

1. 荷兰占领区帝国特派员、帝国部长赛斯·英夸特博士，国家社会主义德意志工人党劳动事务部部长、高级官员里特尔布施协助领导。

2. 大区指导部副部长施勒斯曼（埃森大区）。

3. 大区指导部部长弗洛里安（杜塞尔多夫大区）。

4. 大区指导部部长格罗厄（科隆—亚琛大区）。

5. 大区指导部部长西蒙（摩泽尔兰德大区）。

6. 大区指导部部长比尔克尔（西马克大区）。

7. 大区指导部部长瓦格纳（巴登—阿尔萨斯大区）。

若需补充的劳动力，则由邻近的大区提供。规定：由埃森大区向北威斯特法伦大区提供劳动力，由杜塞尔多夫大区向北威斯特法伦大区和南威斯特法伦大区提供劳动力，由科隆—亚琛大区向南威斯特法伦大区提供劳动力，由摩泽尔兰德大区向库尔黑森与黑森—拿骚大区提供劳动力，由西马克大区向下弗兰肯大区提供劳动力，由巴登—阿尔萨斯大区向符腾堡大区提供劳动力。需要采取的措施（包括劳动力的数额），由各大区指导部部长之间协商决定。

三、所有工事的军事任务，由陆军装备主任兼后备陆军司令根据国防军统帅部、国防军指挥参谋部的指令完成，西线阵地指挥参谋部予以协助。西线阵地指挥参谋部同时还负有如下军事任务：构筑和保护从特里尔到瑞士边界这段西线阵地。

在西线阵地指挥参谋部的领导下，下列指挥官负责执行军事任务：

1. 驻荷兰国防军司令。

2. 第六步兵军副军级司令部。

3. 第十二步兵军副军级司令部。

4. 第五步兵军副军级司令部。

上述 3 个副军级司令部负责各自的军区。第六步兵军副军级司令部还负责从内伊梅根至鲁尔蒙特地段。驻荷兰国防军司令遂行任务时，归陆军装备主任兼后备陆军司令领导。

四、有关工事构筑的指示，将另行下达。

五、帝国劳动队司令将把帝国青年义务劳动队派往受领工事构筑任务的大区，供各大区指导部部长用于构筑工事。工事移交期限一定要严格遵守。

六、招募民工是驻荷兰占领区帝国特派员、帝国部长赛斯·英夸特博士和各大区指导部部长的任务；使用民工是驻荷兰占领区帝国特派员、帝国部长赛斯·英夸特博士和受领了工事构筑任务的各大区指导部部长的职责。对民工（包括参加工事构筑的托特组织的人员）的管理和后勤补给，由驻荷兰占领区帝国特派员、帝国部长赛斯·英夸特博士和受领了工事构筑任务的各大区指导部部长负责。

七、托特组织在工事构筑方面的使用。

根据驻荷兰占领区帝国特派员、帝国部长赛斯·英夸特博士和各大区指导部部长与托特组织直接达成协议，托特组织负责提供必要的工程机械以及工程作业时进行业务监督。工事构筑工作由各大区指导部部长负责，托特组织地段办事处作为技术服务部门应经常到各大区指导部部长那里协助工作。

八、所有物资采购（包括申请、分配和运输）工作，依照国防军统帅部工程兵主任下达的关于构筑德国西线阵地的命令进行。

九、空军负责为工事构筑提供局部空中掩护。

十、驻荷兰占领区帝国特派员、帝国部长赛斯·英夸特博士和各大区指导部部长应尽快通过党办公厅主任向我汇报工事构筑的组织计划及劳动力方面的情况，陆军装备主任兼后备陆军司令应在每个月的1日和15日通过国防军统帅部、国防军指挥参谋部向我报告工事构筑情况及工程进度。

（签字）阿道夫·希特勒

9月3日，盟军海军司令拉姆齐向艾森豪威尔和蒙哥马利提出开辟128公里水路的报告，并请求尽快占领安特卫普港。然而，蒙哥马利没有马上进攻安特卫普港，结果导致盟军未能攻下阿尔伯特运河上通往北岸的桥梁。随着德军援兵的不断赶到，原本一天就能结束的通道争夺战变成了一场持久战。经过了代价高昂的血战后，两个多月后盟军才占领了安特卫普港。其间，加拿大第一集团军集中兵力进攻那些遭受严重毁坏的海峡港口。英军第二集团军的先头装甲部队推进到布鲁塞尔和安特卫普地区。接下来的几天，英军继续向阿尔贝特运河挺进。在阿尔贝特运河，英军遭到德军的顽强反击。经过一番血战，英军渡过了阿尔贝特运河，一直打到马斯河—斯海尔德河运河。英军第二集团军发现了德军防线上的弱点。

当德军在法国的战役彻底崩溃后，开始疯狂地从法国撤退。许多已经失去作用的驻法国军事机构和非军事机构无秩序地向莱茵河对岸逃跑。这些逃跑的德国官员在莱茵河大桥旁会聚成巨大的人流，混乱不堪。当前，德军最迫切的任务是找到强有力的将军稳住战线。在西线的作战行动局限于诺曼底地区时，莫德尔指挥西线德军和 B 集团军群勉强能够胜任。后来，盟军在法国南部登陆，又出现了一条新的战线。两条战线面临的难题都难以消除，加上希特勒迟迟不下撤退命令，而下达进攻命令时又抱着各种幻想，从而使德军的损失越来越大，最终导致德军的法国惨败。

◎ 希特勒下了死命令

　　9月3日，希特勒下发《关于西线总司令下一步作战的指令》，要求德军西线总司令誓死抵抗，与盟军争夺每一寸土地，指令全文如下：

　　一、我方兵力大大削弱，不可能快速前调足够的增援部队。鉴于此，当前无法确定一条必须扼守且一定能守住的防线。最为重要的是，为组建和前调新的部队，为构筑西线防御阵地，争取尽可能长的时间，并通过发动局部打击歼灭敌军兵力。

　　二、就作战问题，我命令：

　　西线陆军右翼和中央（包括第一集团军司令部）组织顽强的阻滞战斗，与敌军争夺每一寸土地。局部突破是不可避免的，但是不能有较强大的兵力集团陷入敌军包围圈。掩护西线阵地和从鲁尔蒙特至瑞士边界的西线壁垒的任务，仍由陆军装备主任兼后备陆军司令以及由他指挥的部队负责。

第一集团军司令部负责指挥莱茵—马恩运河以北的西线阵地前方。该集团军司令部的兵力部署和基本指挥所应根据这一点来确定。西线总司令应就第一集团军司令部接受西线阵地指挥权的时间提出建议。

西线陆军左翼，由 G 集团军群在孚日山脉前方集结 1 个机动兵力集团，向敌军东翼纵深发动进攻。该兵力集团的首要任务是，在美国第十二步兵军的南翼实施机动作战，目的是掩护第十九集团军和第六十四步兵军的撤退和西线阵地的构筑。之后的任务是，集中兵力进攻美军和在第七集团军司令部重新做好战斗准备后，将第五装甲集团军司令部抽出来用于完成上述任务。

在第五装甲集团军司令部的所属部队中，必须编有：

1. 第三和第十五装甲步兵师；

2. 党卫队第十七装甲步兵师，如有可能可包括装甲教导师；

3. 第一〇六、第一〇七和第一〇八装甲旅，以及第十一和第二十一装甲师。

另外，从 9 月 5 日起，再从本土战区前调 3 个装甲旅。以第十九步兵师（该师 9 月 4 日抵达特里尔）替换第一集团军中的装甲师。组建兵力集团时，应注意，不能过早地将新调来的和休整中的部队投入战斗，以免兵力受损严重。为了尽早将突击集团抽出来用于完成其重要任务，G 集团军群应以最快的速度运动。

三、根据国防军统帅部、国防军指挥参谋部作战处（陆军科）1944年 8 月 26 日的第 773049 号绝密文件为西线总司令准备的要塞部队暂时用于西线阵地，以便将临时派到这里的第五五九和第三十六步兵师抽调到西线阵地前方。预计9月中旬前，有足够数量的要塞部队到达。

预定9月份到达的其他各个师中，由于征兵工作的拖延，仅有下列部队做好了出发准备：

第五六四步兵师9月15日到达；

第五六五步兵师9月20日到达；

第五六六步兵师9月25日到达；

第五七〇步兵师9月25日到达。

计划将上述部队部署在右翼后方的中间地带，西线总司令要及时报告部队的配置地点。

四、以最快的速度将疲惫不堪的部队特别是装甲部队和炮兵部队，撤到大西洋壁垒后方，进行必要的休整。力争尽可能多的部队得到休整，及时将时间安排向我报告。

在撤退中和撤退后，G集团军群应从国防军各军种中选调有战斗能力的人员将其部队补充满员。为了使G集团军群能迅速重新得到补充，西线总司令应确定所需武器装备的数量。

陆军装备主任兼后备陆军司令应成立一个有海军和空军代表参加的组织参谋部，并将其派往G集团军群。该组织参谋部的任务由我规定。

（签字）阿道夫·希特勒

9月4日，美军第三集团军推进到梅茨一带，第一集团军逼近列日，英军第二集团军准备进攻安特卫普，加拿大第一集团军正在围攻海峡的港口，向斯海尔德河河口推进，以开辟通向安特卫普港的通道。此时，盟军出现了没有预料到的混乱。攻占安特卫普港并保持码头的完好具有非常重要的战略意义，由于该港能够尽快改善盟军的后勤保障。然而，蒙哥马利没有对部下讲清其必要性，加上艾森豪威尔只是命令盟军保护安特卫普，没有强调尽快占领。

此时，盟军的后勤保障非常糟糕，但是蒙哥马利无视这一问题，急于指挥英军越过莱茵河。英军第二集团军和加拿大第一集团军的司令部同样未对所属部队强调，优先开辟通往安特卫普港的通道。

9 月 5 日，龙德施泰特重新出任德军西线总司令。希特勒给他的任务是尽量在靠近法国的地方挡住盟军推进，坚守荷兰，并从梅斯进攻兰斯方向。龙德施泰特没有执行希特勒荒谬的进攻计划。龙德施泰特在德国边界以西地区和边界附近指挥德军挡住了盟军的攻势，这固然主要是由于艾森豪威尔本来就打算在边界停止进攻，但很大程度上也是由于龙德施泰特的正确指挥及德军的拼死抵抗。

为了帮助德军第十五集团军挡住势如破竹的英军第二集团军，德军组建了一个新的集团军，该集团军的番号为第一空降集团军，其任务并非空降作战而是坚守安特卫普与马斯特里赫特之间的阿尔贝特运河。刚组建的德军第一空降集团军只有两个兵力较弱的师，只装备少量重武器和炮兵。后来，希特勒给第一空降集团军调去了几个反坦克歼击部队，又从荷兰、比利时调来一些由后勤人员组成的分队。另外，第一空降集团军还从德国防空系统得到了 20 个高射炮兵连。

这一天，在艾森豪威尔的支持下，美军第十二集团军群司令布莱德雷在命令第三集团军司令巴顿继续向莱茵河推进，不要理睬蒙哥马利的干预。巴顿的部队每推进一步都要耗费大量的给养物资。

◎ 新式武器

9月6日，美军第一集团军的一个军由中路推进改为向东推进，并在色当以北渡过马斯河，越过卢森堡，于9月11日推进到特里尔以西的德国边界。德军凭借摩泽尔河、绍尔河构筑的防御工事顽强抵抗，美军第一集团军进攻受阻。此时，美军第一集团军两翼的两个军为了从翼侧掩护英军，继续向东北方向推进，追击由散兵重新改编的德军第七集团军。美军占领那慕尔，沿马斯河继续推进。

同一天，美军第一集团军到达列日，准备发动突袭占领边界附近的德国城市亚琛。然而，美军第一集团军遭到德军顽强抵抗。德军布设了大面积雷区，还配置了大量的障碍物和反坦克炮。美军围攻亚琛市，结果失败了。

9月7日，希特勒发布了《关于西线总司令军事权限的指示》，指示全文如下：

一、授予西线总司令冯·龙德施泰特元帅如下职权：

1.为完成我赋予的任务，可使用其管辖范围内国防军各军种、武装党卫队以及国防军以外各种组织和团体的一切可以使用的兵力、兵器，但是以下人员例外：

海军总司令指定的潜艇、快艇的乘员和有航海经验的专家；

空军总司令指定的航空部队人员和专家。

2.为恢复和维护其管辖范围内的秩序，可采取各种必要的措施。海军和空军及国防军以外的各种组织和团体的所有办事机关均要服从西线总司令的命令。

二、西线总司令可就大西洋壁垒和西线阵地中警戒兵力的分配问题给陆军装备主任兼后备陆军司令下达必要的指示，以便使警戒兵力的分配与西线整个局势相适应。一旦给西马克大区的党和国家机关下达了军事任务，西线总司令的命令对其照样适用。

三、驻比利时和法国北部地区的国防军司令、驻荷兰的国防军司令受西线总司令指挥。

（签字）阿道夫·希特勒

9月8日，美军第七集团军右翼部队进抵贝桑松。同一天，第1批德国新式武器V-2型导弹从荷兰海牙附近发射升空，几分钟后落到伦敦市区。这种导弹是德国著名的火箭专家布劳恩博士领导研制的用液体燃料推进的导弹，弹体长46英尺，重13吨，有效载荷1吨。这种导弹于1942年10月3日在波罗的海边的佩内明德基地首次发射成功。

布劳恩，全名韦纳·冯·布劳恩，1912年3月23日生于德国维尔西茨的一个贵族家庭，后搬到柏林居住。布劳恩的母亲是天文学爱好者，她送给布劳恩一架天文望远镜，经常教他天文知识。13岁那年，布劳恩在柏林豪华使馆区进行自制火箭实验，被警察逮捕。因忙于试验火箭，他的数学和物理课考试没有及格。一天，布劳恩看到一本书《通向星际空间之路》，决心为人类征服宇宙空间而献身，从此开始刻苦学习，最终考入夏洛滕堡工学院，又转入柏林大学。1934年，布劳恩获得物理学博士学位，毕业论文为论述液体推进剂火箭发动机理论及实验，被评为特优，该论文对航天事业的发展意义重大。

布劳恩的第一份工作是研制V-2型火箭，工程浩大。1939年，希特勒来到发射试验台参观，布劳恩耐心地为希特勒讲解火箭的基本构造。这位一向自信满满的元首如听天书，只有在讲到军事用途时，才产生了兴趣。1944年3月，布劳恩被德国秘密警察以叛国罪逮捕，原因是他没有把火箭发展成武器，竟用国家的钱做理论实验，目的是宇宙旅行。由于多方营救，加上罪名不成立，布劳恩被无罪释放。与此同时，美国获知了布劳恩的情况，深知他的价值，并将其列入战后搜罗的科学家名单中。布劳恩获释后来到美国，与人合作出版科幻小说《火星计划》，提出人造卫星、宇宙空间站和月球飞船等设想。1955年，布劳恩取得了美国国籍，继续在美国从事火箭、导弹和航天研究，曾获得一系列勋章、奖章和荣誉头衔。

1958年1月31日，由布劳恩领导研制的火箭发射了美国第一颗卫星"探险者1号"。为了把人类运上月球，他主持研制"土星5号"运载火箭，整个系统及地面辅助设备零件达900万个。运载火箭经过四次点火，将宇宙飞船送到月球，再回到地球回收。"土星5号"不仅把"阿波罗11号"送到月球，还用于阿波罗6号、阿波罗7号、阿波罗9号至阿波罗17号的飞行，每次都堪称完美。20世纪70年代，布劳恩开始航天飞机的研制工作。1977年6月16日，65岁的布劳恩因病在华盛顿亚历山大医院逝世。布劳恩逝世4年后的1981年4月，世界上第一架航天飞机在美国试飞成功，这架航天飞机发端于布劳恩，因此他被誉为"现代航天之父"。

由于卡纳里斯海军上将提供了相关情报，盟军一直关注着德国这种新式武器的研制情况，多次集中轰炸机，猛烈轰炸佩内明德试验基地，炸死许多德国技术人员，炸毁了大量技术资料。德国V-2型导弹的研制工作虽受到轰炸的阻碍，最终还是完成了。这种弹道导弹由于速度极快（3500英尺/秒），无法防御，对伦敦造成极大的威胁。盟国最高领导人要求盟军尽快占领荷兰，摧毁德军的V-2型导弹基地。

艾森豪威尔批准了蒙哥马利的"市场花园"战役计划，下达发起荷兰战役的命令。"市场花园"战役计划规定：盟军第一空降集团军与英国第二集团军配合，夺占威廉敏娜运河、南威廉斯运河、马斯河、马斯—瓦尔运河、瓦尔河和下莱茵河上的6座桥梁，保证英国第二集团军主力前出至莱茵河右岸，为迂回"齐格菲防线"、包围鲁尔和进击北德平原创造条件；第二十一集团军群所属加拿大第一集团军占领奥斯坦德、加莱、敦刻尔克和扼守斯凯尔德河口的南贝弗兰岛、瓦尔赫伦岛，打通斯凯尔德河航道。受命夺占这6座桥梁的是美国第八十二空降师、第一〇一空降师、英国第一空降师和波兰空降旅。

◎ 空降作战

9月9日，蒙哥马利向艾森豪威尔请求后勤援助。艾森豪威尔同意通过空运为英军提供后勤保障。为此，蒙哥马利制订了"彗星"计划，出动机降和伞降部队抢占马斯河、瓦尔河和下莱茵河的桥梁，并通过一条狭窄的走廊将这些桥梁连成一片；1个装甲师和2个步兵师组成突击兵团，在机降和伞降部队的协助下夺取桥梁，并向北迅速突击，推进至阿纳姆以北的艾瑟尔河一带，在阿纳姆与兹沃勒之间的宽大正面强渡艾瑟尔河，最后前出至哈姆、奥斯纳布吕克，以便从北面迂回攻打鲁尔州；针对内佩尔特和阿纳姆之间85公里的走廊，英军两个军从马斯河—斯海尔德河运河发动攻势，向两侧不断扩大走廊；加拿大第一集团军的任务是紧跟英军的后面发动进攻。

蒙哥马利的以突袭为基础的战役如果能够取得胜利，将有5座大桥落入英军之手。这5座大桥为：索恩地区的威廉明娜运河大桥、韦赫尔地区的南威廉运河大桥、赫拉沃地区的马斯河大桥、奈梅亨地区的瓦尔河大桥、阿纳姆地区的下莱茵河大桥。

为了夺取这 5 座大桥，蒙哥马利把空降部队分为 4 个空降群。4 个空降群同时空降是不可能的，因为缺乏用于空降的飞机。盟军计划第一空降群于 9 月 17 日从英国本地起飞，后 3 个空降群包括大部分重武器和炮兵，于 18、19 和 20 日分 3 次空降。

在实施空降作战的同时，蒙哥马利计划派一个装甲师从内佩尔特的登陆场发起进攻。为了扩大英军的进攻正面，蒙哥马利还在两翼部署了进攻兵力。此次战役的成功与否取决于德军的抵抗，很难下结论。蒙哥马利估计德军的战斗力不会太强，因为德军的兵力很少，加上装备又差。同时，战役的胜负还取决于天气情况。执行空降作战任务的是盟军第一空降集团军。第一空降集团军由刘易斯·布里尔顿中将率领，辖美军第十八空降军（军长李奇微少将）和英军第一空降军（军长布朗宁中将）。美军第十八空降军辖空降作战经验丰富的第八十二、第一〇一空降师，英军第一空降军辖第一空降师和第五十二"绿色"机降师。

第一空降集团军是盟军统帅部的一张王牌。从 6 月 6 日至 9 月 5 日，英军第一空降师曾经多次执行作战任务，但是在最后时刻任务都被取消了，被取消行动 14 次。比如，第 12 次的"朱雀"空降作战，计划出动第一空降军一部及盟军的所有其他空降师；第 13 次的"朱雀Ⅱ"行动，计划封堵亚琛至马斯特里赫特间的包围圈缺口，但是这一计划被布莱德雷给否决了；第 14 次的"迷恋者"空降行动，计划抢占斯海尔德河口，以便扫清盟军通向安特卫普道路上的德军，然而这一空降行动也于 9 月 5 日被盟军取消，因为盟军于 9 月 4 日攻下了安特卫普后，使得这一空降行动已经没有必要。加上着陆区不适合空降，空军飞行员们对德军密集的防空火炮感到惊恐，担心会给航速慢的盟军运输机造成重创。尽管空降作战的计划一再被取消，但是支持空降作战的蒙哥马利仍然热情不减，总想着发挥一下空降部队在陆战中的作用。

蒙哥马利制订"彗星"计划是为了让空降部队在战争中做出最后一搏，这可能是最后的机会了。其实该计划很简单，9月10日拂晓，盟军空降部队将夺取在马斯河边的格雷沃、瓦尔河边的奈梅根和下莱茵河边的阿纳姆地区的桥梁，即为英军和加拿大军的渡河夺取桥梁。根据有关情报显示，德军防守各个桥梁处的兵力很少，对这次空降突袭毫无防备，因此空降作战成功的可能性非常大。

这一天，希特勒下达了《西线总司令接受西线阵地指挥权的命令》，命令全文如下。

一、自1944年9月11日0时0分始，西线总司令拥有对西线阵地（包括大西洋壁垒）及其所有警戒部队的指挥权。为了做好西线阵地的防御准备工作，为了组织西线阵地的防御，过去我下达给陆军装备主任兼后备陆军司令的所有任务，现在由西线总司令负责完成。

二、西线总司令隶属单位

1. 负责构筑西线阵地的指挥参谋部。

2. 第六、第十二和第五军区司令部。前述几个军区在执行与西线阵地的构筑、武器配备和防御有关的任务方面暂时受西线总司令节制。

三、陆军装备主任兼后备陆军司令在规定的期限内将预定用于占领西线阵地的部队和要塞部队调给西线总司令使用。

四、西线总司令根据新组建部队的前调情况，把在西线阵地中使用的原属陆军装备主任兼后备陆军司令的部队（"女武神"部队）替换出来，重新归还给陆军装备主任兼后备陆军司令。

尽早以野战陆军的指挥机关接替第六、第十二和第五军区司令部所担负的西线阵地的任务。

五、西线总司令应及时向我报告接受指挥权的情况及使各军区司令部和"女武神"部队从西线阵地解脱出来的时间安排。

（签字）阿道夫·希特勒

9月10日凌晨2时，盟军空降部队正要登机执行"彗星"计划时，计划突然被取消。关键时刻取消计划，对空降部队的士气打击很大，他们感到再次受到歧视。替代"彗星"计划的是"市场"计划，它是艾森豪威尔和蒙哥马利互相不信任的产物。原来，艾森豪威尔在9月2日由于座机在格兰威尔海滩迫降扭伤了膝关节而卧床不起两天，结果影响了"彗星"计划的制订。蒙哥马利制定计划必须与艾森豪威尔协商，艾森豪威尔与前线的蒙哥马利经常通信中断，加上他坚决主张进攻宽广的正面。在这种作战思想的影响下，艾森豪威尔根本不可能支持蒙哥马利来电报告的作战计划。

◎ 能打，也很刺儿头

9月11日，法军在第戎以西25公里处与美军第三集团军东翼部队会师。这时，在法国北部地区和中部地区进攻的盟军4个师于8月底开始不停地追杀撤退的德军。虽然盟军在法国全线展开了追击的诱惑力很大，但是艾森豪威尔对所有影响战争的因素进行了周密考虑，与蒙哥马利和布莱德雷认真协商后，确定停止追击。另外，德军的单座人控鱼雷、载有炸药的无线电遥控快艇和鱼雷艇经常在晚上袭击盟军的运输船只。盟军攻占瑟堡港后，德军将这些武器转移到布雷斯特港和勒阿弗尔港，继续在这两个港口搞破坏。处境最困难的是德国的潜艇部队，因为盟军积累了对付潜艇的丰富经验。

9月15日，美军占领了南锡，将在南锡建立的登陆场与在摩泽尔河上游蓬塔穆桑附近建立的登陆场连成一片。这时，盟军奉命追击德军第一集团军，由于遭到顽强的抵抗，加上盟军的补给出现困难，追击行动只能被迫停了下来。在梅斯以西，梅斯军校的学员与仓促组建的其他德军部队共同行动，迫使美军无法渡河。在蒂永维尔以北和以南，美军遭到对岸的德军顽强抵抗。美军第六集团军群推进到贝尔福和第戎一带，美军第三集团军南翼部队推进到南锡，两个集团军之间留下了广阔的空白区。

洛里昂是二战期间的德国 u 艇（潜艇）基地

9 月中旬，盟军不仅占领了法国，而且几乎占领了整个比利时，进逼荷兰边界，逼近德国本土。随着战火的不断延伸，德军的损失越来越大，西线只剩 49 个师，每个师兵力不足编制的一半。短短几个月内，德军损失了 40 多万人、1300 辆坦克、2000 多辆卡车、2000 门各种火炮、3500 多架飞机。

盟军登陆法国后，迅速突破岸防，继而向欧洲内陆纵深快速推进。盟军起初因遭到德军的疯狂反击，没能推进到较远的内陆。幸运的是，德军增援部队迟迟未能赶到诺曼底，最终使登陆战演变成了一场消耗战。盟军的飞机不断地对铁路、公路沿线的德军部队、装备、补给狂轰滥炸，致使德军机动和补给非常困难。德军很快就支撑不下去了，而盟军从海上向海滩输送部队仅仅受到运力不足的限制和恶劣天气的影响。

盟军在诺曼底的密切合作，证明了最高统帅部将领们具有使战争获得胜利的才能。盟军各国军队能够协调一致，打破各自的民族倾向，完全执行统一指挥。盟军之所以能够一往无前地追击德国溃军，也是盟军统一指挥的结果。反观，德军不仅没有统一指挥，而且前线指挥官经常被希特勒呼来喝去。

唯一严重干扰盟军作战的是，英国空军将领对蒙哥马利不满。英国空军元帅特德就是反对蒙哥马利的人之一，他认为第二十一集团军群总司令蒙哥马利过于谨慎，迟迟不敢扩大登陆场，导致盟国空军无处开辟机场，丧失了突破的绝佳机会。英国空军元帅哈里斯也对蒙哥马利派重型轰炸机轰炸交通目标，而没有轰炸德军地面部队和严重威胁英国安全的V-2型导弹发射架感到气愤。哈里斯认为轰炸交通目标对于战役胜利的意义太小，只是没有什么效果的空中牵制而已。不过，这些英军将领的争吵并没有干扰盟军在地面打败德军的总目标，仅仅在盟军突破开始后略有增加，后来争吵几乎消除了，主要是因为德军的溃败太快。

在盟军向前推进时，希特勒命令德军固守每一个阵地，这无疑严重制约了德军的机动作战，反而帮了盟军的大忙。盟军的机动部队忽然间占领了广大的地区，深入西欧大陆，后勤和通信保障系统跟不上前线部队。

盟军地面部队由蒙哥马利指挥，总司令艾森豪威尔留在伦敦，仅在必要时才与诺曼底指挥部联系一下。当美军第十二集团军群和英军第二十一集团军群不断向内陆推进其先头部队远离诺曼底时，艾森豪威尔发现自己与部队经常失去联系，无法及时了解战况，这种情况在 8 月 17 日表现得尤为明显。这一天，蒙哥马利要求布莱德雷的第十二集团军群停止发动扇形攻势，而应保持两个集团军群齐头并进，40 个师排好队形，后勤物资统一供应。这时，盟军准备向北进攻，左翼进攻安特卫普港口方向，右翼进攻阿登高原方向，总目标是德国的鲁尔工业区及其北部平原。这一次各集团军将领一致接受了蒙哥马利的指挥。布莱德雷的第十二集团军群奉命执行"狭窄进攻正面战略"，但是这并不符合艾森豪威尔的作战观点。

蒙哥马利，全名伯纳德·劳·蒙哥马利，英国著名战将，个头矮小，处事跋扈且精明强干，是一位极具个性的人物。1887 年 11 月 17 日，蒙哥马利生于伦敦肯宁敦区圣马克教区的一个牧师家庭。1901 年 14 岁时才正式入学，文化成绩低劣，但体育成绩非常好。1907 年奇迹般地考入桑德赫斯特皇家军事学院。1908 年 12 月毕业后，加入驻印度的皇家沃里克郡团，当了一名少尉排长。

一战期间，蒙哥马利曾在法国、比利时战场服役，曾负重伤，差点送命。一战结束时，任师司令部中校一级参谋。1920 年 1 月，蒙哥马利跨进坎伯利参谋学院的大门，同年 12 月毕业后参加了爱尔兰战争。1926 年 1 月，奉调回参谋学院任教官。1934 年任奎塔参谋学院主任教官。1937 年调任第九步兵旅旅长，因带兵有方，得到当时南部军区司令韦维尔的赏识。1938 年 10 月任驻巴勒斯坦第八师师长，参与镇压巴勒斯坦人的武装暴动，被晋升为少将。1939 年 8 月，调回国内接任有"钢铁师"之称的第三师师长。

二战爆发后，蒙哥马利指挥第三师随英远征军横跨英吉利海峡，进入法国。1940年5月，德军闪击西欧时，他率部与法、比联军并肩作战，后被迫随英国远征军从敦刻尔克撤回英国。蒙哥马利曾参加指挥敦刻尔克大撤退。1940年，先后任第五军、第十二军军长，12月又升任英格兰东南军区司令，负责选拔、调整、培养各级指挥官，训练部队。1942年7月，北非沙漠中的英国第八集团军被"沙漠之狐"隆美尔的非洲军团击败，退守埃及境内的阿拉曼。1942年8月4日，丘吉尔任命蒙哥马利为第八集团军司令。蒙哥马利的到来改变了一切。在丘吉尔的支持下，蒙哥马利积聚力量，1942年10月23日至11月4日在阿拉曼地区率部与德意军队激战，挫败"沙漠之狐"隆美尔，扭转了北非战局。由此，他声誉大震，被人们称为捕"狐"猎手。随后，第八集团军与盟军配合于1943年5月在突尼斯全歼北非残敌。

阿拉曼战役后，蒙哥马利被英国女王封为爵士，并晋升为陆军上将。1943年7月，他率第八集团军在意大利西西里岛登陆。9—12月，协同美军实施进军意大利南部的战役。1944年1月，调任第二十一集团军群司令兼地面部队司令，参与诺曼底登陆战役的计划制订工作。1944年6月，蒙哥马利协助艾森豪威尔指挥诺曼底登陆，9月1日晋升为陆军元帅。此后，率领英国和加拿大部队转战法、比、荷、德等国。1944年9月，指挥制订计划并指挥"市场花园"行动作战，不过没有达到想要的目的。1945年，蒙哥马利指挥第二十一集团军群横渡莱茵河进入德国本土，5月代表盟军在吕讷堡荒原接受德军北方兵团的投降，任驻德英国占领军司令和盟国对德管制委员会英方代表。

    1946 年，蒙哥马利成为嘉德勋爵士并被封为子爵，1946—1948 年任帝国总参谋长。1948—1951 年任西欧联盟常设防务机构主席，1951—1958 年任北大西洋公约组织军队副司令。1958 年，蒙哥马利结束了 50 年的军旅生涯而退休，他是英国历史上服役最长的将领。蒙哥马利退休后，曾来中国访问，受到毛泽东、周恩来的接见。1976 年 3 月 25 日，蒙哥马利在英格兰汉普郡奥尔顿逝世，终年 89 岁。2002 年，蒙哥马利被英国英国广播公司（BBC）评选为"最伟大的 100 名英国人（第 88 名）"。

第四章　计划在秘密进行中

希特勒要求与会人员签订一份保密书，违约者将被处死。他还指示，只有在必要时才能将计划告诉龙德施泰特和其他野战司令部的指挥官。具有讽刺意味的是，此前希特勒曾非常骄傲地告诉日本大使，他将于几星期后在西线发动一次大规模的进攻，而日本大使立即将这条消息向东京做了汇报。

◎ 将帅不和

　　英军占领安特卫普后，蒙哥马利于 9 月 4 日晚给艾森豪威尔发去一封电报。在胜利的鼓舞下，蒙哥马利在电报中要求发动一次超大规模的战役——直接进攻柏林，以闪电般的速度结束这场规模空前的战争。这一攻势需要所有的交通工具和坦克，因此必须终止美军在南线的攻势，以便盟军集中兵力于北线。蒙哥马利请求盟军立即在北线发起主攻，其中时间是最关键的，而任何其他方向的进攻都会延长战争。

　　艾森豪威尔对蒙哥马利的战略十分不满，如果真的实施蒙哥马利的战略，那么美军将跟在英军的屁股后面作战。艾森豪威尔认为蒙哥马利小看了德军，如此英军恐怕遭受重创。为了避免因此产生严重后果，艾森豪威尔向蒙哥马利发去了反对该战略的电报。由于通信障碍，双方往来的电报竟然传递了 4 天。最可笑的是艾森豪威尔发给蒙哥马利的第二份电报竟比第一份电报早到了一天，结果是双方比过去更加感到对方不可理喻，关系越来越紧张。若是换了别人而不是蒙哥马利提出这一战略，艾森豪威尔也许会接受。然而，就因为是性格古怪的蒙哥马利提出的，艾森豪威尔、布莱德雷和巴顿等美军将领当然拒绝。

美英双方围绕着宽广还是狭窄正面的争论不仅没有尽快解决，反而展开了新一轮谈判。谈判期间，蒙哥马利命令英军第二集团军司令登普西继续执行"彗星"计划。根据盟军获得的情报显示，在荷兰通往德国鲁尔区的公路上，德军几乎没有多少兵力，所以蒙哥马利对"彗星"计划充满了信心。在阿尔贝特运河沿岸，从安特卫普至哈瑟尔特长达90公里的战线上，德军只部署了一个战斗力很弱的要塞守备师。一些从法国逃到荷兰的德军残余部队正源源不断地进入这条战线，以加强德国北大门的防御力量。在这些残余部队中，其中有党卫队第九装甲师和第十装甲师残部，它们驻扎在"彗星"行动地域，威胁着向亚琛推进的盟军侧翼。

由于盟军迟迟没有发动"彗星"计划，斯图登特指挥下的德军第一空降集团军兵力不断增多，空降部队源源不断地赶来。斯图登特指挥这些新到的部队不断进攻阿尔贝特运河的英军出发阵地——贝尔林根，结果没有一次成功。

到了9月10日，德军第一空降集团军的兵力受到很大削弱，不过其发起的反击战仍然对盟军的"彗星"计划产生了不利影响。这时，艾森豪威尔等美军将领怀疑如果实施"彗星"计划，在贝尔林根的英军是否有能力与空投在荷兰的英军第一空降师会师。

英军第一集团军司令登普西根据德军在贝尔林根的反击情况得出结论，艾森豪威尔取消"彗星"计划是明智的。另外，登普西也反对蒙哥马利攻占柏林的战略，认为这样风险太大了。他想与美军第一集团军合作，在空降部队的援助下，向罗尔蒙德和韦瑟尔方向推进。英国政府也反对蒙哥马利的"彗星"计划，原来 9 月 8 日德军发射的 V-2 大型火箭弹落入伦敦。英国人认为 V-2 型火箭的发射场很可能设在荷兰海牙附近，并暗示蒙哥马利最好向北进攻，切断德军火箭弹发射基地的补给线。

英国情报机关对 V-2 型火箭的破坏力估计过高，认为德军有几千枚这种火箭，甚至有更多的火箭将用来对付英国。为此，丘吉尔非常担忧，认为随着盟军在法国的胜利，德军的 V-1 型火箭、V-2 型火箭有可能会铺天盖地地落在英国本土，如此将给英国造成巨大的损失。这时，盟国空军方面也在警告蒙哥马利，荷兰的那些桥梁受到德军高射炮部队严密的防护，尤其是莱茵河上的桥梁则受到双重保护，因为这些桥梁处于防护德国工业区的火炮射程以内。所有上述因素迫使蒙哥马利最终取消"彗星"计划，但蒙哥马利仍然固执地坚持攻占柏林的战略。

艾森豪威尔在指挥部终于坐不住了，亲自飞抵布鲁塞尔与蒙哥马利紧急磋商，结果双方吵了起来。蒙哥马利谴责艾森豪威尔过于谨慎，遭到艾森豪威尔的有力回击。这次紧急磋商，没有人敢记会谈的内容，但通过与会将领事后透露的各种信息能够发现两人吵得非常厉害。盟国最终从政治上考虑，要求盟军抢先占领德国。艾森豪威尔不得不向蒙哥马利做出让步，双方达成了"市场"计划。

艾森豪威尔同意将第一空降集团军交给蒙哥马利指挥，并答应给英军增加后勤援助。蒙哥马利坚信他已为英军的北部突击争取了优先进攻权，而美军在南部的进攻迟早会因此而停止。其实，艾森豪威尔并没有放弃宽广正面

"市场花园"行动

的进攻战略。蒙哥马利的参谋长发现了这一点。采取"市场花园"计划所犯的根本性的错误是酝酿这一行动的决心延误了太多时间，这些延误应由艾森豪威尔承担责任，因为他在遥远的后方指挥部，并以不完善的通信系统对前线部队进行遥控指挥。盟军的拖延给德军提供了宝贵的时间，也使盟军第一空降集团军准备不足，来不及完善其突击计划。

9月12日，美国第一集团军向亚琛发起进攻。由于德军恪守希特勒的命令，决心战斗到最后一刻，这就使战斗变得极为艰苦与惨烈。

9月13日，英军第二集团军在内佩尔特和海尔地区夺取了几个小型登陆场。在追击德军的过程中，英军第二集团军快速前出到埃因霍温、蒂恩豪特一带，准备在此进攻韦瑟尔西北的莱茵河，但是后勤保障出现了困难，英军无法实现该军事计划。此时，蒙哥马利仍然主张盟军推进到莱茵河对岸。

◎ 低估了德军

9 月 17 日 13 时，蒙哥马利发动了"市场花园"计划攻势。同时，盟军伞兵和机降部队开始在预定地域着陆。随后，在猛烈炮火准备和大量轰炸机的支援下，英军装甲师于 14 时 30 分从内佩尔特附近的登陆场发动了进攻。

当天的战果虽然不小，但是仍然没能取得蒙哥马利想要的战果。在艾恩德霍芬和韦赫尔之间着陆的美军第一〇一空降师夺取了韦赫尔附近的大桥。当天，德军摧毁了索恩附近的大桥。美军第八十二空降师夺取了赫拉沃附近的马斯河大桥，但该空降师无法靠近奈梅亨附近的大桥，那里的防御工事非常坚固。在阿纳姆西北着陆的英军第一空降师，只有部分兵力进抵阿纳姆附近的莱茵河大桥，未能夺取该桥。英军装甲师从马斯河—斯海尔德河运河北岸登陆场发动的攻势很快遭到德军的顽强反击。天黑前，英军装甲师仅向前推进了 9 公里，无法与南面的一个空降师建立联系。

盟军无数架飞机出现在阵地上空给德军造成了恐慌，但远比蒙哥马利估计得小得多。几个德国军官凭借一种预感猜测出蒙哥马利的"市场花园"计划，他们迅速上报给第一空军集团军司令斯图登特。斯图登特被蒙哥马利打了个措手不及，德军统帅部正集中精力对付美军向萨尔河和亚琛的推进。

盟军的庞大机群每天在空袭德军，德军官兵已经司空见惯。然而，让他们没有想到的是，盟军竟然在距离战线如此远的地方实施空降。因此，德军虽然对赫拉沃和韦赫尔附近的大桥做好了爆破准备，但是仍被盟军空降部队偷袭成功。

英军空降部队在距离德军 B 集团军群总司令莫德尔元帅设在阿纳姆以西的司令部附近着陆，莫德尔差点儿做了英国人的俘虏。在韦赫尔以西的德军第一空降集团军司令斯图登特的司令部附近，英军一份涉及整个"市场花园"计划的命令被德军截获。斯图登特和莫德尔立即采取对策：扼守盟军尚未占领的阿纳姆大桥和奈梅亨大桥；阻止盟军扩大马斯河—斯海尔德河运河的登陆场，并准备切断在那里突破的盟军与其后方的联系。

为了支援沿运河防守的各师，德军第十五集团军的一个师从西部乘火车赶到运河地区，并在索恩西北防守。德军最高统帅部立即命令第五装甲集团军的一些装甲师残部在奈梅亨、阿纳姆以东地区死守，这些部队对在那里空降的盟军进行了疯狂的攻击。德军最高统帅部还准备从德国调来一些部队。这样，德军在盟军空降地域所拥有的兵力，就比蒙哥马利估计得强大得多。由于德军长期在苏联和法国作战，对于盟军向德军防线后方地域发动的空降作战具有丰富的反空降作战经验。接下来的几天双方发生了激烈的战斗，德军虽然兵力不足，装备很差，但是已经针对蒙哥马利的计划组织了防御，甚至在某些情况下还曾发动反攻。

9 月 18 日，英军密码破译中心破译了关于德军党卫军第六装甲集团军和其他一些德军部队（其中包栝一些党卫军部队）从前线撤退的情报，从截获信号到破译情报一直到上报情报，英军密码破译中心共花费 9 天时间。随后，英军密码破译中心还陆续破译了有关德军从前线撤退的一些详细情报，其中一份情报清楚表明，从 10 月中旬开始，党卫军第六装甲集团军将成为德军统帅部的战略预备队，由希特勒直接指挥。然而，盟军并没有对这些迹象作出准确预测，这就对下一步的战局产生了重大影响。英国密码破译中心从 10 月份已经陆续获取了德军党卫军第六装甲集团军的一些电文，而盟军情报官员们直到 11 月份才开始注意这些情况。

同一天，英军装甲师经过激战，攻克了德军拼死防守的艾恩德霍芬，与美军第一〇一空降师的阵地连成一片，这样盟军就可以向索恩大桥运送修复它所急需的物资了。此时，美军第八十二空降师仍无法逼近奈梅亨大桥，他们从一开始着陆就艰难地抵抗着德军来自赖赫斯瓦尔德森林发动的反攻。

盟军在阿纳姆地域的空降作战也很不理想。空降师被德军分割成 3 部分，离大桥很远。在盟军 3 个空降师着陆地域的后续空降兵均遭到德军的顽强抵抗。在马斯河—海尔德河运河扩大走廊的军事行动也进展迟缓。

9 月 18 日晚，盟军的作战仍不能使蒙哥马利满意。空降作战的突然性没有达成，德军的兵力比蒙哥马利估计得多得多。

9 月 19 日，因天气不好，盟军运输机无法给着陆的空降师运送后续伞兵。加上雾人，盟军的补给品大部分空投在德军阵地上。另外，盟军空降部队缺乏空中支援，形势对德军比较有利。黄昏时分，英军装甲师已经修好了索恩河大桥，推进到美军第八十二空降师在奈梅亨以南的阵地。阿纳姆一带的英军第一空降师被德军分割包围，空降部队的压力越来越大，整个"市场花园"计划破产了。此时，蒙哥马利想的不是继续进行"市场花园"计划，而是如何把阿纳姆附近的第一空降师救出来。

9月20日，天气情况变得更加恶劣。盟军和德军争夺奈梅亨的激战持续了一天，德军遭到盟军来自西面的迂回攻击，盟军占领了奈梅亨城。德军当初指望守住奈梅亨并利用大桥给部队运输补给，结果德军在关键时刻未能及时爆破。随后几天的战斗，德军装甲部队不断压缩英军在韦赫尔一带的走廊，以便切断阿纳姆与韦赫尔之间的英军4个师的退路。英军努力与在阿纳姆附近着陆的第一空降师取得联系。

◎ 如此绝密

　　9 月 21 日，巴尔克接任德军 G 集团军群总司令，其时该集团军群的兵力部署如下：诺贝尔斯道夫率领的第一集团军驻扎在梅斯—圣萨林地域；曼陀菲尔率领的第五装甲集团军驻扎在吕内维尔和埃皮纳尔之间的孚日山；维斯率领的第十九集团军驻扎在南孚日山和贝尔弗特山口一带。此时，美军先头部队第十二军即将在德军第一集团军与第五装甲集团军的接合部揳入，美军主力很快就进抵莱茵河一带。

　　这一天，德军 G 集团军群总司令巴尔克计划发起反攻，企图将美军第十二军阻止在圣萨林。然而，希特勒要求巴尔克摧毁莫泽尔河岸的美军登陆场。遵照希特勒的要求，德军第一集团军的左翼部队发起反攻，第五装甲集团军负责进攻阿拉库尔地域的美军第十二军第四装甲师。德军第五十八装甲军的第一一一装甲旅也发动了反攻，德军第十九集团军第十一装甲师给予支援。

9月22日拂晓，大雾弥漫，使德军躲过了盟军飞机的轰炸。德军第一一一装甲旅向朱维里兹的反攻非常顺利。大雾很快散去，盟军飞机蜂拥而来，加上美军炮兵的猛烈轰击，美军坦克向德军阵地发动了强大的攻势。德军第一一一装甲旅被歼，傍晚该旅仅剩下7辆坦克。

同一天，在朱维里兹附近爆发了激战。法军第二装甲师向埃皮纳尔以北进攻。同时，美军第七集团军从罗纳河谷向北扑向贝尔弗特山口，共同攻打德军第十九集团军左翼部队。根据希特勒的指示，德军必须消灭马恩一莱茵运河以北登陆场的美军。

9月22日晚至9月25日，在奈梅亨西面反攻的德军第五十九师和从东面反攻的第一〇七装甲旅两次切断英军的补给线。后来，为了扩大突破正面，在内佩尔特以东和以西发动进攻的英军两个军分别向西北和东北方向猛进。结果，发动反攻的德军第五十九师和第一〇七装甲旅面临被包围的危险，被迫停止反攻。英军在阿纳姆西南进行持续多天的猛攻后终于推进到英军第一空降师的阵地。

9月24日，德军第五五九国民掷弹兵师的两个团和第一〇六装甲旅向圣萨林以西方向发起反攻。德军攻势猛烈，美军很快被击溃。10时，美军庞大的轰炸机群对德军阵地发动了猛烈的空袭，德军阵地如同屠宰场，但是希特勒仍然命令德军清除美军的登陆场。

希特勒命令第五装甲集团军司令曼陀菲尔亲率第十一装甲师和第五十六装甲军残部向阿拉库尔一带的美军发起反击。第十一装甲师只有16辆坦克，第五十六装甲军残部也只有34辆坦克，其余都是步兵部队。晚间，德军将阿纳姆以西狭窄地段的英军空降师压缩至狭窄地段，蒙哥马利急忙命令空降师撤回莱茵河南岸。

9月25日，曼陀菲尔经过侦察得知阿拉库尔以北是美军登陆场防御的薄弱地段。曼陀菲尔的第十一装甲师发动进攻后，下起了雨，致使盟军轰炸机无法起飞。第十一装甲师纵深突破美军防线后，第五十六装甲军残部紧接着投入战斗。傍晚，曼陀菲尔的部队距离阿拉库尔已经不足3公里。

同一天，希特勒在"狼穴"大本营召开军事会议。他向与会人员介绍了阿登反击战计划方案："在进攻前，首先由炮兵向盟军实施大规模的炮击，随后步兵部队发起冲锋，快速突破盟军阵地。上述目的达到后，第一装甲师梯队迅速穿越盟军防线，向默兹河推进，占领所有重要的桥头堡；第二装甲师梯队后续跟进，然后步兵师向前突进，保护进攻部队的侧翼。党卫军第六装甲集团军担负主攻任务，第五装甲集团军和第七集团军支援作战。最后，希特勒指示最高统帅部作战局局长约德尔带领参谋人员对计划做一次认真分析。

希特勒选择阿登为攻击突破口的一个主要原因是这里可以达成战役的突然性，因为盟军很难料到德军会从阿登发起进攻。从另一方面讲，德军兵力有限，只有采用声东击西的战术才能有效消耗盟军的力量。鉴于此，德军能否取得此次战役的胜利取决于能否成功地实施欺骗，使盟军松懈对阿登地区的防守。另外，德军寄希望于盟军情报部门出现失误，如果盟军的情报部门不能从繁杂的情报中准确判断出德军正在阿登地区进行集结，将会对战局的发展产生重大影响。事实是，盟军情报官员几乎已经准确掌握了德军的作战意图，却没有能够与决策层进行及时、必要的沟通。

希特勒要求与会人员签订一份保密书，违约者将被处死。他还指示，只有在必要时才能将计划告诉龙德施泰特和其他野战司令部的指挥官。具有讽刺意味的是，此前希特勒曾非常骄傲地告诉日本大使，他将于几星期后在西线发动一次大规模的进攻，而日本大使立即将这条消息向东京做了汇报。这位战争狂人丝毫没有意识到消息有可能被美军情报人员截获。

德军最高统帅部总参谋部很快就在希特勒的计划框架内制定了一个具体的进攻计划，主要内容如下：我军将于 1944 年 11 月 20 日至 30 日之间的某一时间点发动反攻；进攻在蒙绍和埃希特纳赫之间的阿登地区展开；进攻的首要目标是攻占默兹河上的桥头堡，之后进攻最终目标安特卫普；进攻中，我军将沿安特卫普—列日—巴斯托尼一线与英军和加拿大军队展开交战，摧毁他们的作战力量。

参谋人员认为，希特勒的计划虽然非常冒险，不过还是可行的，如果计划缜密，取得成功希望还是比较大的。他们按照总体意图制定了 5 个行动方案，并将希特勒最有可能接受的两个方案即"荷兰行动"和"列日—亚琛行动"提交上去。"荷兰行动"计划是从芬落地区发起的一次单向进攻，目标是安特卫普；"列日—亚琛行动"计划则是从两个方向向盟军发起攻击。

希特勒对上述两个作战方案都很满意，并在 10 月 9 日的会议上告诉约德尔，他认为双向进攻更为有效，于是命令参谋部起草一份计划，将两个作战方案合二为一。然而，总参谋部遇到了一个非常棘手的问题，德国的战争资源难以支撑这样的计划。约德尔感到非常为难，但他不愿单独劝说希特勒改变计划，他希望前线指挥官们能够提出反对意见，可惜他们至今仍对这个计划一无所知。

鉴于此，约德尔开始制订进攻发起后的计划。整个进攻将在蒙绍和埃希特纳赫（亚琛南部 32 公里）之间约 96 公里的正面展开；党卫军第六装甲集团军将在蒙绍和洛斯海姆之间的突破口发起进攻，整个集团军经过列日南部，穿越列日，向安特卫普方向推进；党卫军第六装甲集团军的左侧，第五装甲集团军首先进攻圣维特，之后顺势而下，直逼默兹河，并在那慕尔上游数公里处渡河，向西北方向推进，进而绕过布鲁塞尔，支援第六装甲集团军的南部侧翼；以步兵为主的第七集团军进攻埃希特纳赫两侧，之后挥师西进，同时命令部分部队攻占埃希特纳赫南部。约德尔将修改后的计划交给希特勒审阅，很快得到批准。他将计划代号确定为"莱茵河卫兵"，听起来更像是一次防御，而不是一次进攻。约德尔给西线所有指挥官发去了一份电报，通知他们西线没有进攻行动，即使有也是在一段时间过后。

◎ 蒙哥马利有点抓狂

9 月 25 日晚，英军空降师奉命撤退，2400 人撤到莱茵河南岸。该空降师在狭窄地段的激战中损失 7000 人。英军在阿纳姆以西的下莱茵河南岸建立了牢固的登陆场，并将登陆场与蒂恩豪特地域和鲁尔蒙德以西的尤利安娜运河阵地连成一片。

与此同时，德军第十五集团军在安特卫普地区和阿纳姆以西地区防守，第一空降集团军在东面防守。由于德军兵力太少，对英军重兵把守的登陆场无能为力。

9 月 26 日，曼陀菲尔指挥坦克和装甲步兵继续攻打阿拉库尔。下雨对德军十分有利，曼陀菲尔的步兵部队击退了美军第四装甲师。

9 月 27 日，德军出动飞机轰炸奈梅亨大桥，被盟国空军庞大的战斗群驱逐。战役的失败对盟军的士气是个沉重的打击，尤其是为了实施这次战役，盟军将肃清斯海尔德河口德军的任务放到了次要地位。然而，这次战役对蒙哥马利也有一点小小的安慰，即英军夺取了登陆场，并在宽大的正面牵制了大量德军。

9月27至29日，德国党卫军第五五九国民掷弹兵师进攻圣萨林的格莱米塞林区，击溃了美军第三十五师。

9月29日，天气转晴。盟军出动庞大的轰炸机群，对曼陀菲尔的第五装甲集团军进行了毁灭性的打击。德军G集团军群总司令巴尔克到西线总司令部找龙德施泰特。巴尔克强调，如果想把进攻继续下去，至少需要给他调派3个装甲师，还要有足够的坦克、大炮和飞机。龙德施泰特说西线没有预备队，因为美军第一集团军正向亚琛推进，也没有坦克、大炮和飞机。巴尔克说，G集团军群的坦克快消耗光了，即使希特勒下令进攻，装甲部队也无能为力。

同一天，巴尔克下令全线停止反攻。德军发起的反攻令美军不安，美军第三集团军第十二军军长下令撤过塞列河。第三集团军司令巴顿非常愤怒，当即撤销了该军的撤退命令，不过也没有下令继续进攻。巴顿想打通一条去萨尔河和莱茵河的道路，巴尔克及时发现了这一点，但"大西洋壁垒"没有守军，他没有兵力阻挡巴顿向前推进。二战结束后，德国人才知道，当时巴顿是根据艾森豪威尔的命令被迫停止前进的。

艾森豪威尔与蒙哥马利制订了"市场花园"计划，由英军发动阿纳姆战役，主攻德军安特卫普的接近地，以便在冬季前占领德国的鲁尔区，直取柏林。就这样，美军第三集团军奉命转入了防御。这无疑使巴尔克松了一口气，G集团军群获得了几周的宝贵时间用来整顿部队，训练大量的老弱新兵，做好各项防御准备。

9 月下旬，英军在北翼发动的阿纳姆战役失败，然而蒙哥马利并不甘心。他打算继续在莱茵河扩大登陆场，并在近期使英军与从亚琛向科隆进攻的美军第一集团军配合，向莱茵河两侧发动突击，以便快速夺取鲁尔工业区，抢在苏军之前占领德国。艾森豪威尔没有这么大的欲望，他坚决反对蒙哥马利的战略，后悔当初接受蒙哥马利的计划实施阿纳姆战役。此时，盟军并未完成艾森豪威尔在 9 月初制定的宽大进攻战略，更不用说在莱茵河东岸建立的巨大登陆场了。

　　德军拼死坚守斯海尔德河口、马斯河以南、安特卫普—奈梅亨之间的防线，蒙哥马利只得放弃当初的战略目标。为此，他郁闷至极，拿不下安特卫普港就无法解决盟军的后勤问题。瑟堡港和马赛港无法保障盟军大量补给品的输送，加上大西洋沿岸刮起了秋季风暴，使物资的卸载工作变得非常困难。

　　德军第十五集团军和第一空降集团军利用英军停止进攻的短暂间隙，加固了西斯海尔德水道以南英军登陆场的防御工事，加强了在安特卫普—斯海尔托亨博斯之间的防线，加强了西斯海尔德水道内的防御阵地（仅在瓦尔赫伦岛就部署了 25 个炮兵连），在布雷斯肯斯和克诺凯一带也部署了大量炮兵。

　　此时的英军第二十一集团军群还不够强大，没有能力歼灭西斯海尔德水道两侧的安特卫普接近地的德军。蒙哥马利向艾森豪威尔求援，要求美军替换在鲁尔蒙德—奈梅亨之间驻扎的英军部队，并派两个美军师增援英军第二十一集团军群。蒙哥马利给加拿大第一集团军的任务是将德军赶出西斯海尔德水道地域：在安特卫普东北地区，以右翼部队进攻连接南贝沃兰半岛与大陆的狭窄地峡；左翼部队夺取德军在布雷斯肯斯和克诺凯一带的登陆场，攻占瓦尔赫伦岛。加拿大第一集团军在发动进攻前，必须先抽调包围布洛涅和加来的兵力。经过一番激战，加拿大第一集团军分别于 9 月 23 日和 30 日占领了布洛涅和加莱。

9 月份，德军主力主要部署在东线的苏联战场，而西线情况令从东线调来的德军感到震惊，装备损失大得吓人。德军第十九集团军原有 1480 门火炮，但从法国南部败退后仅剩 164 门。此时，西线德军大都是杂牌军，主要是空军地勤人员、警察部队、后备师，官兵大部分是老人和少年，很多人不是患有严重的胃病就是有耳疾。就连从德国刚调来的装备较好的部队，也都是一些没有受过训练的新兵。另外，西线德军还得到一个从东线刚撤回来的党卫军第三十步兵师，该师官兵普遍有厌战情绪，G 集团军群司令部建议将其解散，这一合理请求却被希特勒断然拒绝。

◎ 盟军进攻受阻

　　10 月 1 日，加拿大第一集团军对德军发起攻击。经过 21 天的激战，该集团军从安特卫普东北推进到南贝沃兰半岛东端的狭窄地峡。同时，几乎用了同样长的时间，突破了德军第六十四师在布雷斯肯斯以南登陆场上的防御阵地。由于运河纵横交错的有利地形，使德军防御变得十分有利。最后一些德军在卡赞德炮台和克诺凯一带坚守到 11 月 3 日。蒙哥马利向艾森豪威尔报告，这是加拿大部队自登陆以来进行的最惨烈的战斗。

　　加拿大第一集团军将德军赶到斯海尔德河南岸，并不等于该河口已经畅通无阻，还需要占领瓦尔赫伦岛。德军在该岛滩头设置了大量水下障碍物、铁丝网和雷区。为了早日攻下该岛，蒙哥马利在 10 月份调来大量飞机在海堤上炸开多个缺口，使岛上大片陆地被海水淹没。后来，在盟军飞机和大量军舰的援助下，英军在岛上很多地段抢滩登陆。

　　加拿大部队粉碎了瓦尔赫伦岛的德军激烈抵抗后，夺下该岛，俘获德军

8000多人。在西斯海尔德水道的一系列战斗中，加拿大部队损失了27633人，比盟军发动的西西里岛战役伤亡还要大。两个星期后，盟国海军终于排除了西斯海尔德水道的水雷。

纳粹党卫军部队

10月13日，美军发起强大的攻势切断了亚琛走廊。美军于9月中旬推进到施托尔堡南郊以后，从北面佯攻亚琛地区。在宽大的正面上，美军突破了德军坚固的防御工事。亚琛市受到美军两个方向的进攻，德军只剩一条宽6公里的走廊与后方联系。在这个被盟军飞机和火炮轰成废墟的地方，激战一直持续到10月23日。类似的激战被德国宣传部门宣扬为日后各个城市的守军应当仿效的榜样。

10月21日，希特勒在"狼穴"大本营接见他的爱将——纳粹党卫队领导人、"麒麟"突击队队长斯科尔兹内。希特勒对他的战绩大加褒奖。在斯科尔兹内呈交了报告后，希特勒宣布提升他为党卫军中校。斯科尔兹内以为会见已经结束，准备离开，没想到希特勒把他单独留了下来，把即将开始的阿登反击计划简要地告诉了他，斯科尔兹内可能是最先了解这项计划的前线指挥官。

希特勒告诉斯科尔兹内，默兹河上的桥梁对于战役的成败至关重要，命令他组建一支特种部队，设法夺取默兹河渡口。为了成功地完成任务，他们将穿上美军军装，从敌军阵地后方向大桥方向隐蔽前进。进攻一旦开始，大部分人脱掉美军军装，换上自己的军装。为了在敌军防线后方继续伪装前进，少数人仍将身着美军服装。在被先头部队轮换下来前，那些换上德军军装的人员将对默兹河渡口发起强攻，继续伪装的人员将通过阴谋破坏和散布虚假情报等手段，在美军中间制造混乱。

10月底，美军在亚琛以东方向继续发动进攻，尽管是局部性攻势，却是异常惨烈。至11月中旬，战斗规模越来越大。这时，美军2个集团军与英军南翼部队共同发动了总攻，以便推进到鲁尔河一带，准备强渡莱茵河，夺取鲁尔工业区。另外，在亚琛正面方向，从10月2日起，德军在第一空降集团军与第七集团军之间部署了从G集团军群紧急调来的第五装甲集团军。为了阻击美军在亚琛正面继续推进，德军这3个集团军形成了统一的指挥。

盟军进攻前发动了猛烈的空袭，目的是摧毁埃施韦勒和迪伦以西的德军阵地。美军2个集团军和英军南翼部队投入了14个师的兵力，很快就达到17个师的兵力。双方激战时，主攻方向只有40公里宽的正面美军投入了10个师，但盟军未能实现快速突破。德军疯狂阻击，其中在许尔特根瓦尔德森林的战斗尤为激烈，德军按计划边战边退。12月前，德军在利希与迪伦之间撤过了鲁尔河。英军在追击时，趁机占领了盖伦基尔亨。

布莱德雷认为此次进攻非常不顺利，因为美军没有在正面南段控制可以调节鲁尔河水位的乌尔福特水坝。布莱德雷多次调来轰炸机空袭大坝，把水放掉。然而，大坝太大了，盟军轰炸机没有轰炸成功。美军不敢强渡鲁尔河，因为一旦乌尔福特大坝被德军炸开，该河会在美军后方造成可怕的洪水。美军认为，只有在占领大坝后才能强渡鲁尔河。

曼陀菲尔的第五装甲集团军在此次防御战中取得了重大战果，致使美军伤亡惨重。美军不得不把强大的预备队提前投入距离阿登山地区很近的战场。德军为此次胜利付出的代价也很大，德军被迫把计划用于阿登反攻的几个师投入防御战中。这些师损失很大，大量装备被毁。希特勒只能缩减其他部队的装备，对这些师进行补充。德军第五装甲集团军在这次战役结束前不久把防御地段转交给第十五集团军。

11 月初，德军第一空降集团军防守在马斯河大弧形防线的鲁尔蒙德、奈梅亨一带。蒙哥马利计划与美军在马斯河以东携手发动攻击，将德军第一空降集团军赶回马斯河东岸，这是取得此次进攻战役胜利的基础。然而，美军兵力不够强大，布莱德雷调来第九集团军，将其部署在亚琛地域的第一集团军与蒙哥马利的英军之间。布莱德雷要求原来暂时借给蒙哥马利的全部美军师归建，并坚持要求蒙哥马利把英军战线延伸至盖伦基尔亨以南地区。结果，蒙哥马利只能追求有限的进攻目标，重新部署兵力后，进攻马斯河以西地域的德军，同时其南翼部队参加美军计划于 11 月中旬发动的攻势。蒙哥马利将加拿大第一集团军部署在奈梅亨—马斯河口之间比较稳定的阵地上防守。

◎ 计划已定，决不改变

11 月 3 日，德军西线总司令龙德施泰特召开高级军事将领会议。参加会议的有 B 集团军群总司令莫德尔、第五装甲集团军司令曼陀菲尔、第六党卫军装甲集团军司令迪特里希、第七集团军司令布兰登贝格。

德军最高统帅部作战局局长约德尔在会上代表希特勒传达了阿登反击战的指令。他说："蒙绍—埃希特纳赫地段（艾弗尔）已被元首选为最好的反攻地段，那里的美军在过去的进攻中遭受了重创，兵力较弱。"

约德尔停顿了一下，接着说："蒙绍—埃希特纳赫地段的美军预备队已经调到前线附近，补给情况很糟糕。美军绝不会想到我军会在蒙绍—埃希特纳赫地段发动反攻，只要反攻出其不意，我军就能够快速突破，这样我们的坦克就能赢得主动权。这些反攻部队快速向前推进，在马斯河岸的列日与那慕尔之间建立桥头堡，先占领布鲁塞尔，再占领安特卫普港。只要我军渡过马斯河，就能切断马斯河流域的美军第一集团军的后方补给线。我军占领布鲁塞尔—安特卫普一线后，英军第二十一集团军群的后方补给线就会受到威胁。同样，我军一旦攻下安特卫普港，英军的补给线同样会被切断。"

约德尔还说："现在，盟军还没有完全修复安特卫普港，这个港口对盟军是必不可少的，修复只是个时间问题。盟军一旦完全修复该港，他们只凭安特卫普港运进来的部队、武器和补给就能摧毁我军防线。根据阿登反攻计划，我军一旦占领了这些目标，就能在西线作战中处于极其有利的战略地位。这次反攻若能成功，将歼灭盟军 25 至 30 个师，缴获大批物资和装备，特别是我们急需的燃油。这些物资和装备在盟军的后方已经堆积如山，是盟军为摧毁我西壁防线和进军柏林所做的储备。在反攻方向的突破由步兵师负责。突破时，步兵师速度一定要加快，为装甲部队扩大战果创造有利条件。趁美军惊慌失措之际，我装甲部队快速向西推进。需要注意的问题是，我装甲部队向马斯河推进时，补给千万不要出现问题。另外，要绕过防御坚固的美军阵地，保障我暴露的翼侧安全。总之，这些都是过去我军在东线战场经常运用的战术。元首明确指示，我们一定要占领巴斯托尼。"

约德尔在给迪特里希、曼陀菲尔和布兰登贝格的指示中，提到 11 月 25 日为阿登反击战发起日，还说那天的月相十分有利。到时候将出现新月，黑夜将为反攻部队的调动尤其是防止盟军空中侦察，提供很好的掩护。约德尔强调说："元首决心已定，不会放弃反攻的深远目标，也不会改变计划。"

接着，约德尔下达了有关各集团军的反攻任务：迪特里希的第六党卫军装甲集团军辖 9 个师（包括 4 个装甲师），向马斯河岸的列日两侧渡口及支流维萨雷河的渡口推进；在列日以东的防御工事上建立一道强大的防线，然后向艾伯特运河河岸的马斯特里赫特—安特卫普港之间的地区推进，最终推进至安特卫普港以北地区。

曼陀菲尔的第五装甲集团军辖7个师（包括4个装甲师），在列日以西的阿梅与那慕尔之间强渡马斯河，防止来自西面的盟军预备队沿安特卫普—布鲁塞尔—迪南特一线推进，掩护第六党卫军装甲集团军的翼侧和后方。

布兰登贝格的第七集团军辖7个师（包括1个机械化师），负责抵抗来自南面和西南面的盟军，保护上述两个装甲集团军的侧翼。第七集团军应推进到马斯河及其支流塞莫伊斯河，与卢森堡地区的摩泽尔防线连成一片，目的是在靠后的地区建立一道牢不可破的防线，应在防线上设置大量的障碍物。

另外，有六七个师（大部分为装甲师或机械化师）将作为此次反攻的预备队。

约德尔告诉迪特里希、曼陀菲尔和布兰登贝格，为了策应阿登反攻，H集团军群将从第十二党卫军装甲军阵地、鲁尔河岸的锡塔德与盖伦基兴之间以西的桥头堡发动辅攻。一旦盟军重兵进攻第六党卫军装甲集团军的侧翼，H集团军群则立即发动辅攻。

约德尔在宣布完反攻行动方案后，引起了与会将领的疑虑。他们一致认为，被指派执行这次反攻任务的3个集团军即使得到希特勒所许诺的兵力仍然远远不够。迪特里希等人认为，以反攻部队的兵力、武器、装备、机动性和补给无法实施一次长达200多公里的正面攻势，更不可能完成歼灭25至30个盟军师的任务。这些在座的将领主张，将进攻目标限定在削掉盟军揳入德军埃克斯—夏佩勒（亚琛）防线的突出部，堵住盟军在"大西洋壁垒"上打开的缺口，最多只能把盟军从鲁尔河流域赶回到马斯河。

约德尔说，希特勒肯定不同意他们修改计划。在进一步讨论的过程中，莫德尔、迪特里希、曼陀菲尔和布兰登贝格等人终于明白，希特勒根本不了解德军现有部队的兵力、武器、装备和训练情况。

11 月 4 日，德军前线高级军事会议继续召开。B 集团军群总司令莫德尔根据现有部队的情况，提出了阿登反击战的修改方案。

莫德尔和曼陀菲尔认为两个装甲集团军能够突破美军防线，但是两人向约德尔强调，关键的问题是北面的第十五集团军和南面的第七集团军必须拥有足够的兵力才能阻挡正面的盟军，否则随着战线拉长，两个装甲集团军将不得不抽出越来越多的部队保护交通线。这种结果必然是经过几天的进攻后，装甲部队变得十分疲惫，无法实现战役目标。如果第十五和第七集团军能够拥有足够多的兵力，那么第十五集团军应从锡塔德到盖伦基兴地区发动进攻，使第七集团军和第十五集团军在列日西北的汤格雷斯一带形成合围。第十五集团军一旦进攻成功，两个装甲集团军将重拳出击，一举歼灭锡塔德与蒙绍之间的盟军 15 个师。

莫德尔向约德尔建议，如果形势的发展对进攻的两个装甲集团军有利，那么在兵力迅速重新部署后，仍然可以进攻安特卫普。

随后，德军将领展开了详细的讨论。

迪特里希和曼陀菲尔强调说，执行希特勒的计划必须快速占领巴斯托尼。两人认为，进攻发起后的前两三天，如果盟军从北部对马斯河以东地区的反击不是很有力，那么德军第十五集团军就能牵制住正面的盟军。由于处在盟军第一线部队背后，没有足够的预备队，所以第五装甲集团军向马斯河突破后，遭遇的大部分部队应该是比较弱小的盟军部队。另外，二人还认为，南面的盟军很快会发动强大的反攻。也就是说，第七集团军必须为两个装甲集团军的侧翼提供强有力的掩护。然而，第七集团军要想执行如此重大任务现有兵力实在太少，就跟其装备和机动性太差一样。布兰登贝格完全赞同迪特里希和曼陀菲尔的观点。

会议结束时，约德尔再次强调："元首的计划已成定局，决不能改变。已经许诺的部队是最高统帅部作战局认真计算的，一定会及时调来。"

与会者对各种准备工作所需的时间进行了初步计算，要执行 11 月 25 日这个进攻发起日期是绝对做不到的。曼陀菲尔建议在 12 月 10 日发起反攻。约德尔苦笑着说："元首是不会同意修改进攻日期的。"其实，大家心里都清楚，要想说服希特勒改变反攻计划是不可能的。

整个 11 月，莫德尔等人都在试图说服希特勒接受他们的修改方案。然而，希特勒对改变他的计划的任何建议都拒绝接受，不过不再坚持最初确定的进攻日期。希特勒和他的军事顾问根本没有认识到西线德军的崩溃将会产生什么后果，他们甚至不了解前线部队的情况，只会在地图上插旗子，能记住一些师的番号，却不知道这些师已经名不副实了。

希特勒拒绝讨论修改方案，说它是"胆小鬼的方案"。关于由第十五集团军北翼发动辅攻的建议，希特勒照样拒绝，并且拒绝向第七集团军派出增援部队，因为几年来所有的前线指挥官都在向他请求增援。

会后，莫德尔向希特勒发去一份书面报告："鉴于反攻计划中指定的部队的普遍状况，及对统帅部关于部队兵力、准备、补给和机动性所做的许诺能否及时兑现的怀疑，两个装甲集团军最好不要渡过马斯河。取得突破后，应下令两个装甲集团军进攻北面和西北面，同时下令掩护第五装甲集团军的左翼。在最初突破赖以掩护的恶劣天气过去后，我空军部队在决定性时刻必须保证局部的暂时空中优势，唯其如此才有望取得有限的胜利。"

◎ 一再推迟的反攻日期

11 月 8 日，美军第三集团军计划在迪厄兹和福克蒙地段进行突破，并在蒂永维尔强渡摩泽尔河，目的是从两翼迂回攻击梅斯。经过几天猛攻，美军第三集团军突破了德军南面阵地几个地段，并在蒂永维尔建立了几个登陆场。德军出动机动部队向美军突击部队实施的反攻，被美军击溃，其防守地梅斯被美军包围。德军防线逐渐向后移至梅尔齐希—萨尔布吕肯以东一带，进入沿萨尔河修筑的西方壁垒防御工事。

巴顿的第三集团军在萨尔路易一带的萨尔河东岸建立了登陆场，德军第一集团军在"大西洋壁垒"薄弱处挡住了美军的攻势。巴顿认为美军只有在猛烈的炮火准备后，才能击退德军第一集团军。此时，美军第三集团军缺少炮弹来实施这种炮火准备，其攻势只能于 12 月初停下来。巴顿决定储备了足够的炮弹和补足编制后，再恢复攻势。

美国第三集团军发起新一轮攻势几小时后，希特勒致电西线总司令龙德施泰特，声称不准备将这些部队派往"莱茵河卫兵"行动。这样做固然非常明智，但龙德施泰特痛苦地意识到，美军的进攻将把第一集团军和第十九集团军分割开来。他认为唯一可行的办法是将一部分计划休整的装甲部队暂时留在前线。

11月14日，法军第一集团军一部开始攻打孚日山西坡，守军是德军第十九集团军。法军第一集团军主力进攻贝尔福和勃艮第峡谷方向，并在贝尔福以南地区突破了德军防线，沿瑞士边界向前推进，在巴塞尔以北附近逼近莱茵河。德军第十九集团军在贝尔福部署了少量兵力。同时，美军第七集团军出动隶属它的几支法军部队，在巴卡拉及其以北地区发动猛攻，目的是占领萨韦纳通道，进抵下阿尔萨斯。

同一天，蒙哥马利命令英军第二集团军的两个军进攻马斯河以西的德军，之后向马斯河鲁尔蒙德、芬洛一带推进。在英军第二集团军的强大攻势下，德军第一空降集团军被迫撤退。由于受恶劣天气的影响，盟军航空兵的出勤率大大降低，加上德军布设了大面积的雷区，英军的推进速度缓慢下来。直到11月底，英军第二集团军才占领马斯河西岸。

11月16日，第三次亚琛战役打响，德军进一步陷入困境。B集团军群总司令莫德尔被迫投入预备队第八加强装甲军，仍然无济于事，亚琛很快陷落。西线总司令龙德施泰特也被迫投入他的预备队，几天后又将其撤回。随着战斗的持续发展，德军为"莱茵河卫兵"行动准备的弹药逐渐耗光。

11月18日，盟军护航运输队通过西斯海尔德水道第一次驶入安特卫普港。德军第十五集团军的顽强抵抗使蒙哥马利的进攻计划推迟了几个星期，这样西线德军就得到了喘息之机。如果德国具备继续作战的兵力和装备的话，这种喘息将起到决定性作用。这时，德军开始使用 V-1 型和 V-2 型火箭轰炸安特卫普港，但收获很小。大量的 V-1 型火箭被盟军飞机和盟军高射炮击落，有的火箭因准确性差而无法命中港口。V-2 型火箭相对来说比较先进，使安特卫普郊区蒙受巨大损失，同时也影响了港口的卸载工作。德军潜艇和鱼雷艇在港口附近偷袭盟军护航运输队，但收效甚微。

加拿大第一集团军在斯海尔德河口发动进攻时，英军第二集团军也发动了正面攻势。英军第二集团军的任务是清除马斯河以南蒂恩豪特与斯海尔托亨博斯之间的德军登陆场。英军占有 3 倍的兵力优势，装备优势明显，而德军登陆场只有 4 个兵力很少的师，还遭到盟军庞大空军的空袭。在 10 月底，由于德军第一空降集团军在海尔蒙德东南方向的马斯河以西地区突破了美军的侧翼阵地，德军第十五集团军的压力明显减轻。为了守住被突破的侧翼，蒙哥马利立即从英军第二集团军撤出两个师投入被撕开的防线。经过一番激战，德军第十五集团军的 4 个师于 11 月 8 日前被英军赶回了瓦尔河对岸。

11 月 21 日，美军第七集团军进抵萨尔布尔。该集团军在占领萨韦纳通道和通过斯特拉斯堡后，在塞莱斯诺西北地区留下一个军支援法军。美军第七集团军主力部队集中在北翼，计划从阿格诺向莱茵河方向推进，进而向北推进，与美军第三集团军一起强攻"大西洋壁垒"。

德军形势继续恶化，德军装甲教导师奉命从集结地发起反攻。美军将参加"莱茵河卫兵"行动的两个德军师死死拖住，使其不能离开前线。德军装甲教导师在返回集结地前，遭到美军的重击。

11 月 22 日，法军第一集团军的一支部队攻占了贝尔福，歼灭了防守该城的德军。德军计划从阿尔特基尔克地域发动反攻，切断已推进到莱茵河的法军装甲师，这些反攻仅仅影响了法军的推进速度，但没有取得成功。法军第一集团军投入新的兵力，北上米卢斯，并在该地击退了德军的反攻。另外，法军的1个装甲师还占领了萨韦纳通道。

11月23日，法军第一集团军推进到斯特拉斯堡。堡垒争夺战非常激烈，一直持续到11月27日，法军才将其占领。法军第一集团军计划于12月初进抵莱茵河的几座大桥附近，并在凯尔建立登陆场，但是没有成功，因为德军把莱茵河大桥炸毁了。

德军B集团军群总司令莫德尔在日记中写道："如果进攻因缺乏补给而被迫在默兹河停滞不前，唯一的后果将是：进攻前线上将形成一个突出部，从而使消灭大量敌军的计划化为泡影。"

11月24日，美军第三集团军情报处处长科克上校的报告引起了巴顿的高度警觉，他认为德军正在向阿登方向的美国第八军集结。同日，法军第一集团军占领米卢斯，并将德军赶到塔恩以南地区。

11月27日，希特勒拒绝了任何关于缩小反攻战役任务的修改建议，下令于12月7日发动反攻。随后，由于准备上的严重不足，战役开始日期推迟了3次，直到12月12日才最终确定12月16日为阿登反击战的实施日期。

第五章　盟军上当了

布莱德雷把这些情报和自己的想法向巴黎的盟军最高统帅艾森豪威尔做了汇报。艾森豪威尔也认为德军在阿登山区部署的兵力有限，且时值冬日，德军无法通过阿登山区弯弯曲曲的山路进行补给。退一步讲，就算德军果真发动进攻，也无法夺取列日、那慕尔或凡尔登等重要目标，所以德军进攻阿登山区的盟军将是一个极大的战略错误。

◎ 斥责古德里安

自从 11 月以来，盟军的目的是通过一些进攻来削弱德军的防线，以达到击垮 G 集团军群的目的。

希特勒帮了盟军的大忙，他从 G 集团军群正面防线上调走不少部队用于阿登反攻计划，尤其是 G 集团军群仅剩 1 个装甲师。即便这样，盟军仍然没有达到预期的目的，经过连续激战自身伤亡较大。由于连绵的阴雨，盟军飞机经常无法出勤。这种情况，严重地影响了装甲部队的机动能力，进攻的重任自然就落到了步兵身上。凡是盟军步兵部队进攻的地方，盟军伤亡都特别惨重，很多地段的战斗演变成了阵地战。美军步兵部队连续遭受重创，根本不是久经沙场的德军步兵的对手。

其实，德军的步兵几乎是老弱病残和新兵，很多德国士兵因病丧失了战斗力，装备又差，补给比美军困难许多，机动能力更谈不上了。然而，美军却认为德军实力还很强大。由于部队减员严重，美军指挥官为了增强所属部队的战斗力，对后勤部门进行了整编。尽量用女兵将各级指挥部的男子替换出来，还从空军中调来多余的勤务人员，派到前线作战。另外，还从美国本土调来了大量步兵部队。

然而，英军跟美军不能相比，他们不可能从英国获得补给。经过5年多的战争，英国的战争潜力几近枯竭。事实上，盟军对德军具有压倒性的优势，但就其面临的当前任务来讲，盟军的兵力显得非常紧张，因为盟国陆军对空军的依赖性很强。如此一来，对德军形成了有利的态势，使德军有可能在积极防御时，从各防线抽调兵力组成预备队，对盟军发动经过周密准备的反攻，成功的关键是德军反攻时是否会经常出现恶劣的天气。

12月2日，希特勒在帝国总理府召开讨论阿登反击战的会议。德军B集团军群总司令莫德尔经过充分准备，侃侃而谈，主张集中兵力，围歼美国2个集团军。与会将领无不点头称是。希特勒一言不发，默默地听着。他拒绝讨论莫德尔提出的方案，也根本不提加强第七集团军的问题。

会议持续了7个小时，莫德尔仍然没能说服希特勒。负责指挥东线德军的陆军总参谋长古德里安试图从另一个角度说服希特勒，指出苏军即将在1月发动一次大规模攻势，此时在西线发动阿登反击战，势必要将原准备调往东线阻击苏军攻势的部队拖住，所以他建议取消这次反击战。

希特勒一听就火了，斥责道："用不着你来教训我，我已经在战场上指挥了5年德国陆军。我在这5年获得的经验，总参谋部的任何人都比不了。我研究过克劳塞维茨和毛奇，把施利芬所有的文件都看过，我比你清楚得多！"听希特勒这么一说，与会将领也就不好再说什么了。会议不欢而散。

12月4日，一个在阿登地区被俘的德国士兵招供说有一个大规模的攻势正在阿登地区准备。后来，美军又俘虏了很多德国士兵，他们都证实这名士兵的供词是真实的，他们还说反攻计划将在圣诞节前一周发动。

12月6日，英国首相丘吉尔致电美国总统罗斯福：

罗斯福和丘吉尔

鉴于你我见面不易，我觉得有必要把今年年底我们所面临的令人失望的战局跟你商讨一下。我们在西线虽然取得了不少战术性的胜利，如梅斯和斯特拉斯堡，然而我们没达到五星期前给我们军队定下的战略目标。我们的部队还没有抵达莱茵河北段这个战线中最重要的地区，还要继续苦战好几个星期，才有希望进抵莱茵河并建立起桥头堡，之后才能向德国深入推进。

丘吉尔在电报中透露了他的担心：

该怎么办？我们三人及早会见的希望破灭了。你、我以及我们的参谋长们的会面也被无限期延迟，这些让我感到有些忧虑。我们的计划决定于你们。我们两国一定要作为一个整体来考虑。过多的电报和电话反而令事态更加混乱，所以我计划在 2 月份前你如果不能亲自来的话，请你能否派你的参谋人员来这里一晤。他们到了这里和贵国的主力部队以及艾森豪威尔将军很近，我们双方就可以对整个激烈的战场形势进行平心静气的研究，寻求一种双方紧密协作的行动，就像我们在 1944 年各战役中所表现得那样。

12 月 9 日，美军第三集团军情报处处长科克上校向司令官巴顿将军做了一次特殊的简要汇报。他在汇报中告诉巴顿，德军从前线至少撤回了 13 个师，其中许多是希特勒的党卫军部队（因效忠希特勒而被认为是德军最强悍、最忠诚的部队），与此同时德军还从斯堪的纳维亚抽调了 3 个师前往艾费尔地区。科克判断，德军的部署可能有两个目的：一是利用新组建的部队抵御盟军进攻，二是向盟军发起反攻。虽然还不能明确判定德军的反攻地点，但很可能就在鲁尔河附近。

12 月 10 日，罗斯福就丘吉尔 6 日在电报中所提到的问题给予如下答复：

或许是因我离战场较远，或许是 6 个月前我对时间方面的估计没有你那样乐观，所以对当前的战局不像你那样失望。

在欧洲战场，我认为要想打到莱茵河的左岸占领德国，没有一场硬仗是不可能实现的。我年轻的时候曾骑自行车经过大部分地区，我从来不像许多指挥官那样认为我们的军队可以毫不费力地顺利渡过莱茵河，所以我对此并不是很乐观。

我们制定的一般战略正在按计划如期进行。身居统帅地位的我们制定了作战方案，发布了命令，然后根据这些方案和命令将物资送上了战场。就算是战役的进程或许一时赶不上当初计划的进度，我觉得一些战役具体怎么打，战果如何，是前线指挥官的责任，我应该对他们完全信任。我们不仅要看到冬季给我们带来的巨大困难，还看到我们的陆军和空军正在一天天消耗掉敌人日益衰竭的人力和资源。随着安特卫普港的开放，我们补给物资的运转大大改善。艾森豪威尔将军估计，在西线给敌人造成的伤亡，已经超过敌人新队伍的补充能力。决定性突破不久一定会到来，虽然在什么时候到来我现在还不清楚。

……

我的参谋长联席会议正在全力以赴地指挥他们的机构执行我们所制订的计划，支持我们在全世界的军队。几乎所有这些军队都派上用场了。我认为现在没有必要做大的战略性决定以指导我们的前线指挥官，所以我的参谋长们不应离开他们的领导岗位。

◎ 大战前的煽动

12 月 11 日，德军西线 B 集团军群的一大群高级指挥官被召到西线总司令龙德施泰特的司令部所在地黑森州的泽根堡。按计划，担任这次即将开始的阿登攻势作战的师级以上主要战地司令官，将分别在 11 日和 12 日两天受到元首的接见。参与指挥阿登攻势的主要高级将领参加了第一天的会议，他们是：西线总司令龙德施泰特、B 集团军群总司令莫德尔、第五装甲集团军司令曼陀菲尔和党卫军第六装甲集团军司令迪特里希、第七集团军司令布兰登贝格。

傍晚时分，所有参加会议的高级将领在被搜取了腰间佩带的武器和手里的文件包后，登上了大轿车。汽车开上了一条专门用来使那些不熟悉这个地区的人迷失方向的"迷魂路"。

半个小时后，这些高级将领被弄得晕头转向。实际上，他们只走了离出发地点几公里远的路程。

大轿车停了下来，高级将领们被人领着走进一座很深的城堡，即希特勒在泽根堡的指挥所，人们称之为"鹰巢"大本营。1940 年德军入侵法国的阿登战役也是在这里指挥的。尽管这次战役的形势和背景与 1940 年那次大相径庭，然而战役的地点又一次选在了爱登堡地区。

　　这些参加阿登攻势作战的高级将领被领进会议室后不久，最高统帅部总参谋长凯特尔、作战局局长约德尔和第三帝国元首希特勒走了进来。希特勒首先向经受了战斗考验的第九装甲师师长埃尔弗尔德少将和第一一六师师长沃尔登贝格少将致敬。二人被授予骑士十字勋章，并应邀发表了关于部队状况及对此次战役的看法。

　　会议室很大，大约有 70 位军官在座。希特勒坐在一张狭长的桌子旁边，右首是凯特尔，左首是约德尔。龙德施泰特坐在希特勒的对面，他的右首是曼陀菲尔，左首是莫德尔，曼陀菲尔离希特勒近在咫尺。

　　希特勒询问过部队的状况后，开始发表讲话，一如往常，滔滔不绝地讲了两个小时。在座的将领们以为元首会讲一讲反攻的军事态势，没想到给他们讲了一通政治和历史的大道理。希特勒大谈阿登战役的可能性和必要性，它的政治意义和军事意义，并表示他已为保证进攻胜利作了一切努力。希特勒说："此次作战将决定我们的命运，我希望士兵努力奋战，勇往直前。战斗会很残酷，但是盟军的任何抵抗都将在我们无情的冲击中被粉碎。"他还不忘提醒在座的各位注意普鲁士的腓特烈大帝国在同各国联盟作战中所采取的战略和取得的胜利。

　　会议结束时，会议室里 30% 的军官（其中许多人是一生中第一次见到希特勒）觉得，希特勒的身体状况非常好。这些人走出会场时，元首的动员演说还在他们的耳朵里嗡嗡作响。尽管他们中大多数人不相信阿登攻势能够成功，但是他们仍然决心全力执行希特勒的命令。

希特勒在会上发表的讲话对曼陀菲尔来说没有什么新内容。这位帝国最高统帅的讲话对在座的大多数将军来说，是令人失望的。他根本没有谈德军在当前准备阶段应该注意的问题，即最高统帅部在采取什么步骤来弥补德军的种种不足和匮乏，这些都是笼罩在这次战斗行动上的阴影，要知道距离进攻开始只有几天时间了。

完全出乎与会将领们的意料，希特勒在他的演讲中和随后约德尔的讲话中都没有做任何努力来消除大家心中对这次进攻的种种忧虑。希特勒曾经说过，顺利完成作战计划的基本条件是"组成新的有充分战斗力的部队投入进攻"。尽管龙德施泰特作了种种努力来增强德军的实力，但也只能做到一部分。虽然他的这些努力取得了某种程度的成功，但是仍未能建立起一支力量和规模都符合主攻要求的攻击部队。

在这次会议上，尽管高级指挥官们力陈己见，希特勒和他的私人参谋们对总的战斗实力的估计还是很高。希特勒把未来进攻的决定性意义深深铭刻在与会军官们的心上。他的基本论点是，不论侧翼发生什么情况，每支参战部队都要不断前进，而且是全速前进。

莫德尔在会上谈了自己对这次作战的看法，他的意见与希特勒截然相反。大会议厅里的每一个人由衷地佩服他的才能，甚至连希特勒都没有打断他，显然在专注地听。然而会议的结局是令人失望的。基本计划毫无变化，主要问题仍未解决。安特卫普仍然是夺取的最终目标，希特勒完全拒绝讨论"小解决"方案，被他称为"半解决"。关于在北翼使用第十五集团军发动辅助进攻的问题没有做出任何决定。原计划中提出的加强第七集团军的问题也没讨论。最后，已答应但尚未调拨的军队和补给是否确实能在进攻开始前按时到达也是个问题，而且也无从知道在前线的其他地段是否采取了诱敌的措施，若已经采取，到了什么程度，仍然一无所知。还有，在另外一些负责牵制敌人力量的防区中采取什么战术行动的问题，这么重要的问题同样被忽视了。

7 小时的会议结束后，希特勒同莫德尔和曼陀菲尔进行了长达一个半小时的谈话。谈话时除了一名希特勒的副官外，只有曼陀菲尔和莫德尔两人，所以曼陀菲尔能够提出一些次要的建议，可是这些建议仍然没能促使希特勒作出改变。这位帝国元首此时根本认识不到他指挥的军队早已不是 1939 年和 1940 年或是在苏联战役开始时的那支强悍的军队了。不是因为官兵们缺乏战斗意志，而是缺乏各种武器和装备。

曼陀菲尔向希特勒提出的最后一个问题是："当部队打听空军在未来的战斗中要起什么作用时，该怎么说？"这些天来，在德军防区内从未看到或听到过一架德国飞机。希特勒回答说："戈林刚刚向我报告，我们有 3000 架战斗机可供这次战役使用。你是了解戈林的报告的，打个折扣，去掉 1000 架，还有 1000 架可拨给你，另外 1000 架留给迪特里希。"

12 月 12 日，希特勒继续接见参加阿登反击战的高级将领。他为这些未能参加 11 日会议的司令官们重演了怪异的把戏。希特勒自我陶醉地说："我们面对的联盟是历史上绝无仅有的一个联盟，鱼龙混杂，各怀鬼胎。我们的敌人实际上是这个星球上两个最为极端的事物：一边是极端帝国主义国家，另一边是极端马克思主义国家；一边是日益衰落的大英帝国，另一边是希望取代英国的美国。直到今天，这些国家在未来的奋斗目标方面依然矛盾重重……只要我们稍微加强一下攻势，这个貌似强大的联盟即刻土崩瓦解。"

会议决定把进攻日期做了最后一次推迟，进攻日期定在 12 月 16 日，这个日期以后再也没有变更。随后，将军们回到各自的部队。这些优秀的军官怀着坚定的决心投入了战斗，他们准备竭尽全力地战斗，必要时不惜牺牲自己的生命。

◎ 没错，真的是阿登

　　12月12日19时28分，美军第一〇六师向第一集团军报告："18时30分，对面德军的装甲部队正在向东北方向集结。"

　　12月13日，美军第一集团军指挥部得到报告，德军的两个王牌师"大德意志"师和第一一六装甲师已转移至阿登地区。

　　13日夜，德军3个集团军进入集结地区。集团军属以及军属炮兵进入最后集结位置，即位于它们最终发射阵地后方大约5英里处。容易进行伪装的弹药被运送到计划发射阵地的后面。第七集团军的马匹被用来拖曳火炮，也已进入位置。为了减少声响，火炮轮子上捆扎上稻草。

　　12月14日，刚从巴黎开来的美军第二十八师向第一集团军报告："我们听到对面德军防区5个不同地点有摩托车辆行驶的声音。"

　　"德国人进攻的真正地点是阿登，而不是鲁尔蒙特和施莱登！"第一集团军情报处首席情报官迪克森看到报告后，大吃一惊。美军在阿登地区防御薄弱，一旦德军从这里突破，很快会在盟军的接合部撕开一个缺口。迪克森立即将他的判断和这些情报呈送给第一集团军司令霍奇斯和第十二集团军群司令布莱德雷。

布莱德雷对迪克森的工作态度非常满意，他问霍奇斯有什么看法。素以稳健著称的霍奇斯认为："把新组建的师派往战斗较多的战线前，先把他们调到相对平静的地段锻炼，取得一些前线经验，是德军几个月来的固定做法。这种做法表明，凡是德军活动明显的地区均保持平静，不会发生战斗，因为这不是他们所希望的。鉴于此，我认为德国人进攻阿登地区的可能性不大。"

"这就是说第八军对面之敌的调动是一种正常的换防？"布莱德雷反问。

"完全有理由这样解释！"霍奇斯自信地说。

布莱德雷赞同地点点头，他认为虽然阿登防线兵力薄弱，有一定的风险，但算不了什么。如果德军真向阿登山区发动进攻，他还可以从北面调动霍奇斯的第一集团军，从南面调动巴顿的第三集团军，以强大的机动部队迅速歼灭德军。德国人败局已定，德军的进攻正好为盟军提供歼灭德军的良机。从这个意义上讲，他倒有些期待德国人发动这种进攻。

布莱德雷把这些情报和自己的想法向巴黎的盟军最高统帅艾森豪威尔做了汇报。艾森豪威尔也认为德军在阿登山区部署的兵力有限，且时值冬日，德军无法通过阿登山区弯弯曲曲的山路进行补给。退一步讲，就算德军果真发动进攻，也无法夺取列日、那慕尔或凡尔登等重要目标，所以德军进攻阿登山区的盟军将是一个极大的战略错误。艾森豪威尔主管情报的副参谋长肯尼思·斯特朗中将提醒他，的确有迹象表明新组建的德国党卫军第六装甲集团军有可能向美国第一集团军第八军发动进攻。

艾森豪威尔考虑了一下，电告霍奇斯做好应急准备。布莱德雷和第八军军长米德尔顿通了电话："一旦德军进攻你的防区，你部边打边撤，必要时可一直撤到马斯河。后撤时，尽可能迟滞德军，以便集团军群调动第七和第十装甲师以及'大红师'围歼进入阿登山区之敌。"

米德尔顿听后，知道布莱德雷采取了机动作战的方针保卫阿登山区，因为这3个师分别是辛帝森的第九集团军、巴顿的第三集团军和霍奇斯第一集团军的预备队，直接由集团军群掌握，没有他的命令，任何人不得擅自调动。

布莱德雷与米德尔顿通完话后，突然想起一件事，又拿起电话接通第一集团军司令部，请霍奇斯转达他对迪克森的问候，并说："听说迪克森上校还没休假，请你批准他立即休假。"

迪克森等来的不是布莱德雷对他的敌情报告的批复，而是休假的批准书，他只好以次日上午乘车前往巴黎开始他在战争期间的首次休假。

14日下午，德国气象预报部门报告：从12月中旬至次年1月10日左右，德比交界地区将有连续25天的阴沉大雾天气，并伴有多场暴雪。德军终于等来了千载难逢的机会。在浓重的雪雾中，德军的进攻部队日夜兼程从各个方向赶往比利时边界的阿登林区，各部队车辆开着大灯不分昼夜地急行军。

14日夜，德军各步兵师悄悄地开进各自的最后阵地，即位于战线后方只有4公里的地方。为了掩护行动，德军空军的飞机不停地在前线上空飞来飞去，以便用声音掩盖火炮调动发出的声响。

12月15日，蒙哥马利致信艾森豪威尔，说他打算在下次对莱茵河大攻势发动以前在英国过圣诞节。他在信封内附上一张5镑的账单向艾森豪威尔索要赌债。一年前，艾森豪威尔曾说过二战将在1944年圣诞节前结束。这个预测并不准确，艾森豪威尔对德军的实力估计不足。战争进入 1944 年底，坦克这种陆战武器的发展已经出现了很大的变化，而美军的主战坦克仍然是"谢尔曼"坦克。早在 1943 年盟军登陆西西里岛时，就陆续有部队报告说德军新式坦克很先进，但美军高层不了理睬。在盟军登陆诺曼底时，德军为数不多的装甲部队已全面换装 4G 型和"豹"式坦克，还有十几个"虎"式坦克营。

盟军装甲部队面临这样一个残酷的现实："谢尔曼"坦克不具备与德军重型坦克对抗的能力，结果造成了可怕的装备损失和伤亡。与德军坦克相比，美军装甲部队只是在数量上占优势。"谢尔曼"坦克与德军坦克对比如下：

1. 火力

"谢尔曼"坦克装备一门 M3 型 75 毫米 L/40 加农炮，使用的高爆弹杀伤能力强，但穿甲弹的穿甲能力比较弱。该型坦克能在 1000 米远击穿 62 毫米钢板，穿甲能力还不如苏军 T-34 早期型，与德军现役的坦克相比差距就更大了。德军反坦克部队普遍装备有 88 毫米高射炮，可以平射。德军 88 毫米高射炮的射程达几千米，"谢尔曼"坦克的千米射程显然差得太远了。

虽然"谢尔曼"M4、A3 改进型坦克换装 75 毫米 53 倍身管火炮，千米距离可击穿 89 毫米钢板，仍然比德军坦克差一个档次。大量的实战证明，"谢尔曼"坦克在几百米或几十米远向德军坦克开炮，炮弹在德军坦克装甲上反弹到几百米高空。

2. 装甲防护力

"谢尔曼"坦克的正面和侧面装甲厚 50 毫米，正面为 47 度斜角，防护力相当于 70 毫米，侧面无斜角，炮塔装甲厚 88 毫米。德军 4G 型坦克在千米以内，"虎"式或"豹"式坦克在 2000 米以内，可以击穿"谢尔曼"坦克的正面装甲。"谢尔曼"坦克高度达 3.4 米，德军坦克很容易瞄准。

"谢尔曼"坦克采用汽油发动机，由于防护力不足，得了一个"朗森打火机"的绰号。一位德军坦克兵回忆说："美军的薄皮坦克又高又大，全部挺着一门短筒小炮，我们在坦克瞄准镜里 3000 米以外就能发现它。一炮打过去，美军坦克就燃起大火，里边的人被活活烧死。"有一次，德军坦克一发炮弹竟击毁了 2 辆"谢尔曼"坦克。还有一次，德军坦克距离美军坦克 2000 米远，射出的一发炮弹穿透半米厚的水泥砖墙仍摧毁了"谢尔曼"坦克。

美军第三装甲师到二战结束时，先后有 648 辆坦克被击毁报废，有 700 辆被击伤，战损率非常高。阿登战役前夕，美军各装甲师伤亡惨重，坦克兵严重不足，大量新坦克只能每台配有 3 个坦克兵。

3. 机动性

美军装甲部队的优势是数量大，机动性强。为了脸面，美军前线的高级将领故意淡化"谢尔曼"坦克的各种缺陷，军械委员会夸大坦克的穿甲能力，连艾森豪威尔都被蒙在鼓里。

美国的 90 毫米 L/50 加农炮和英国的 17 磅火炮，都可以击穿德军坦克。早就有人建议给"谢尔曼"坦克换装英式 17 磅火炮，但遭到美军军械委员会的拒绝，理由是 17 磅火炮太大。英国人不相信这个理由，他们的 17 磅火炮装在"谢尔曼"坦克的炮塔上，成为盟军唯一能与德军坦克火力对抗的"萤火虫"坦克。英国兵工产量不足，只有 600 辆"萤火虫"装备英军。"萤火虫"坦克对德军坦克构成了巨大的威胁。

◎ "麒麟" 突击队

12月16日凌晨，德军计划到机场运送空降兵的运输机还没有到，结果空降作战只得拖延到夜间。

5点30分，德军8个装甲师和13个步兵师向美国第一集团军的5个师发动了全面进攻，从曼萧至艾希特纳赫的145公里正面冲出。

12月16日拂晓，在德军总攻的炮击声中，德国"麒麟"突击队队长斯科尔兹内带领数百名身穿美军制服的突击队员，乘坐缴获的美国吉普车、卡车偷偷越过了美军前沿阵地，随后分散成许多小组到处乱窜，开始了一系列破坏活动。

这次"麒麟"作战计划可算是希腊神话中的"特洛伊木马"的现代翻版，共分两部分执行。第一部分为一连串会说英语的突击部队，在他们的德军制服上面套上美军的野战夹克，乘坐美军的吉普车，趁美军战线被突破之机，即分成小群混在美军的前面向其后方地区到处渗透。他们把侦察到的美军弹药库、军需站、简易机场、增援部队行进线路的位置报告给炮兵，德军的炮弹就像长了眼睛似的准确地落在这些目标上；他们剪断电话线，砍倒树木阻塞道路，使盟军的交通发生混乱；他们还移动路牌使守军的预备队走错方向，悬挂红布条以表示路上布有地雷，或者把地雷警告牌拔掉，致使美军车辆误入雷区。更有甚者，一个"麒麟"突击队队员化装成美国宪兵，若无其事地站在十字路口打手势，把一个团的美军引入歧途。这一部分突击部队获得了惊人的成功，甚至超过所意料的程度。约有 40 辆吉普车混入美军的后方到处制造混乱，除了 8 辆外，其他都安全回来了。那些少数落在美军手里的人员所造成的纷扰尤其严重。因为他们立即造成一种印象，好像不知道有多少这种组织在美军后方活动。其结果之一就是美军到处拦截车辆进行检查，数以百计的美国军人在答复问题时因让人怀疑而被拘捕，连身为集团军群司令的布莱德雷也不例外。

第二部分为一个装甲旅（第一五〇装甲旅），配备缴获的美军 M4 "谢尔曼"坦克，然后用它长驱直入以夺取缪斯河上的桥梁。然而，这一部分始终不曾付诸实施。德军所能供给的美军战车及卡车，其数量远不及所需的零头，于是不足之数必须以伪装的德国车辆来充数。斯科尔兹内以为，既然他的部队被编为第一五〇装甲旅，就应该拥有与常规旅同样的作战力量。然而，日益严峻的战场形势，使他无法获得足够的兵力。此外，通过对作战任务的评估也显示出，他们要想在支援兵力到达之前守住默兹河渡口，需要得到装甲部队的支援。这是一个非常棘手的问题，因为装甲部队也需要伪装成为美军装甲部队，但缴获的美军坦克数量远远不够。经过进一步的调查，斯科尔兹内发现缴获的"谢尔曼"坦克只够装备一个小分队，而不是一个旅。这就意味着必须调整计划，对计划中的第一五〇装甲旅进行重新编组。按照新的计划，第一五〇装甲旅将由两个分别配备 10 辆坦克的坦克连、3 个配备 10 辆装甲车的装甲侦察连以及步兵、防空兵和反坦克部队组成。这样勉强的伪装就必须小心行动，而且在这个旅待命的地区又始终不曾有过明确的突破，因此其前进遂一再地延缓，最终完全放弃。第一五〇装甲旅约有 2000 人，隶属北方的第六装甲集团军。

美国人起初根本没有发觉队伍中混杂了一些冒牌兵，几天后 3 名化装成美军的德军士兵乘坐吉普车经过比利时境内的一处哨卡被查问时，引起了美国宪兵的怀疑，露了马脚，于是供出了他们的计划和任务。美军情报人员在吉普车上检查时，又截获了一份其他"麒麟"小组发出的电文。对此，美国人大吃一惊，急忙加强了马斯河各渡口和桥梁的守卫力量，在前线和后方各个路口设置了路障，荷枪实弹的宪兵和谍报人员严格检查过往美军及车辆。由于美国人逐步掌握了德军"麒麟"行动计划，并采取了严密的防范措施，使伪装成美军的"麒麟"突击队员纷纷落网。有的经美国宪兵和保安人员盘问露陷后企图驾车逃跑，被当场击毙，有的在进行破坏活动时被美军开枪打死，抓获的"麒麟"突击队队员多数就地处决，剩下由美军战地军事法庭匆忙判刑后执行枪决。

美军指挥部之前根本不重视德军的进攻，所以当德军在阿登山区发动反攻时就没有做好充分的准备。一名美军哨兵打电话向连队指挥部汇报，他说突然有无数"小亮点"在德军防线上闪烁。就在这时，一枚德军炸弹在他身边爆炸了，他这才意识到那些"小亮点"是成千上万的德军士兵在朝他们开火。美军士兵被雷鸣似的轰炸声惊醒，炮火在他们的阵地上轰鸣，山摇地动，树木被炸成了碎片，地上铺着厚约 1.8 米的雪，此时也被炸成了丑陋的黑坑。迫击炮、多管火箭炮、榴弹炮、88 毫米口径和 35 毫米小口径的机关枪同时开火。

美军士兵们爬出睡袋，抓起武器，跳进战壕。排长和通信员同时发现电话线被德军炸毁。打开广播，里面尽是德军乐队演奏的军乐。起先，他们不清楚是怎么回事。新兵们甚至以为是"外放函件"（友好的炮火）。连老兵都莫名其妙，先前所报道的德军前线薄弱的武装力量不可能发起如此猛烈的轰炸。曾有报道说，德军的枪支弹药总共只剩两马车了。一名美军军官尖刻地讽刺道："德国鬼子想整死他们的马啊？"

6 时 15 分，德军开始向美军喊话："投降吧，美国人，你们被包围了！"德军的每一次喊话都得到密集机枪火力的回敬。在防御阵地北段，美军 3 挺机枪占据了理想的位置，从那里可以射击德军的必经之地——留有积雪的山脊。德军一冒出山脊，就露出黑影，雪地上的这些黑影成了美军射击的活靶子。

一个多小时后，火力开始变得稀疏起来，阿登清晨的薄雾呈现出一片可怕的红光。德军打开了巨大的探照灯，强光穿透薄云，将美军阵地暴露无遗。德军步兵在这"人造黎明"中身穿迷彩服或白色衣服向前开进。美军官兵在散兵坑和掩体里强打精神开始反击。

德军进攻达成的突然性，与 1940 年 5 月 10 日在阿登山区的行动如出一辙。从战术上来说，在阿登地区的反攻是希特勒最后一次重大胜利。从战略上来说，这次反攻是一场赌博，是一个严重的战略失误。不管战后人们如何谴责希特勒这个不称职的战略家，但是不得不承认他的想象力非常丰富。

希特勒计划从各个防线抽调了一些部队,让它们进行最后一次强大的反攻,企图突破由美军第一集团军第八军防守的从艾弗尔山至蒙绍的阵地。党卫军第六装甲集团军在右翼担任主攻,第五装甲集团军在左翼辅攻,第七集团军进攻卢森堡方向,以掩护两个装甲集团军的南翼。希特勒不仅要夺回安特卫普港,而且还想歼灭加拿大第一集团军、英国第二集团军、美军第一集团军和第九集团军。

◎ 攻击，不停地攻击

　　浓雾很好地掩护了德军的进攻，盟军庞大的空军无法出动。曼陀菲尔的第五装甲集团军进行了周密的进攻准备，部队士气高昂。其先头部队经过惊慌失措的美军阵地，顺着阿登山地的山路快速推进。

　　德国党卫军第六装甲集团军在蒙绍、艾佛尔高原北端地段的山路上发动进攻。易守难攻的山脉阵地由美军防守，构成了美军战线的突出部。第六党卫军装甲集团军的进攻并没有取得重大突破。党卫军集团军的北翼部队在蒙绍以南向前推进时遭到强大阻击，只前进了很小一段距离。德军摩托化步兵第十二师经过两天的激战在洛斯海姆西北地段突破美军防线，为党卫军第一装甲军打开道路。党卫军第六装甲集团军中路部队和南翼部队经过一番激战，艰难地推进到蒙绍、马尔梅迪、特鲁瓦蓬一带。在那片地区，距离德军的第一个进攻目标列日很远。党卫军第六装甲集团军无论如何进攻，再也无法向前推进一步。鲁尔河流域的美军很快就对惊慌失措的第八军各师进行了强大的支援，因此该集团军无力赢得战役胜利。另外，该集团军没来得及像德军第五装甲集团军那样，对进攻进行过周密的研究和准备。

德军第五装甲集团军的进攻起初比较顺利，它的突击力很强，对盟军构成了严重的威胁。这时，德军第五装甲集团军辖3个装甲师，1个满员但缺乏训练的"元首卫队"旅，还有4个步兵师。一些步兵师和装甲师还没有来得及完全做好进攻准备。由于第五装甲集团军司令曼陀菲尔战前制订了详细的进攻计划，集团军发动进攻时，第一梯队出动了4个步兵师和2个装甲师。经过猛烈炮火准备前，曼陀菲尔出动部分兵力突然渗入盟军弱小兵力防守的地区。进攻前两天，德军第五装甲集团军强渡乌尔河，在某些地点甚至突破了盟军的防线。曼陀菲尔抽调重兵对美军的道路防御枢纽圣维特发动了进攻，圣维特对于第五装甲集团军和党卫军第六装甲集团军日后并肩实施作战，具有重要的意义。

中午时分，为了确保进攻乌尔河河谷时不受美军的炮轰，德军开始从奥村的新阵地出发，进攻横跨奥－布莱阿尔夫公路的美军炮兵阵地。美军炮手使用长度1~2秒的短引信炮弹向来袭德军进行了水平炮击，将德军第一轮进攻击退。

接下来，美军试图夺回奥村阵地，于是派出一支特遣队。特遣队顶风冒雨出发了，就在他们与德军激战时，却接到了停止进攻并向位于施劳森巴奇的团指挥所转移的命令，因为此时的团指挥所正面临着德军步兵的威胁，因此需要在那里建立一道防线进行保护。美军第一〇六步兵师第四二二步兵团团长德施诺克斯上校面临着两种选择：第一，让特遣队继续进攻；第二，将其召回保护团指挥所。他认为，如果团指挥所失守，部队就失去了集中指挥，整个团的凝聚力将在顷刻间崩溃。鉴于这种考虑，他命令反击部队立即返回。因为特遣队停止进攻奥村的德军，并被派往其他地方执行新的任务，于是，德军在火炮突击炮的支援下，向位于奥—布莱阿尔夫公路上的炮兵阵地发起了新一轮的进攻。一些炮兵使用火箭筒袭击德军突击炮，其他人继续向德军步兵发射炮弹。炮兵部队又一次击退了德军的进攻，却遭受了严重的伤亡。

　　黄昏时分，美军第一〇六步兵师并没有失去太多的阵地。然而，这并不能掩盖这样一个事实：德军已经揳入第四二三团和第四二四团阵地之间的纵深地带。德军已经到达一个有利的位置，随时可以对第四二二团已经暴露的侧翼和后方发起进攻。

　　夜幕降临，德军开始向美军阵地发起进攻。此时的美军因未能得到一丝喘息，精疲力竭，而此时德军正在向该地集结，准备于次日清晨发动新一轮攻势。这样一来，驻守艾费尔高原的 2 个美军团将面临被围歼的危险。美军第一〇六步兵师师长琼斯已经派出了所有预备队，所以正在等待增援部队的到来。第一〇六师的困境促使美军第八军、第一集团军及整个第十二集团军群紧急抽调兵力组建了一支增援部队。第一集团军将第九装甲师 B 装甲作战群的指挥权转交给第八军，这就使米德尔顿少将能够派出自己的预备队 R 装甲作战群，前往支援第二十八师。B 装甲作战群被派往第一〇六师，于下午6 时开始向圣维特出发，半小时后抵达琼斯的司令部。琼斯命令霍格率领该部队前往曼德费尔德的洛斯海姆缺口，向那里的德军发起反击，阻止对方继续向艾费尔高原推进。

　　琼斯向霍格简要介绍了战况后，接到了米德尔顿的电话。他在电话里说，为了加强增援力量，他计划派第七装甲师的一支装甲作战群前往增援，将于第 2 天（12 月 17 日）早上 7 点到达，第七装甲师也将随后赶来。米德尔顿对于部队行进速度的估计过于乐观，尽管这支装甲作战群的先头部队能在早上 7 时前到达圣维特，但必须要在几个小时内走过 100 公里的路程，这意味着大规模的增援部队只能在 7 时以后才能到达。琼斯显然没有意识到这一点，他决定改变 B 装甲作战群的任务，让其转而防守温特派尔特。他的这一决定是有道理的，这样做可以使 B 装甲作战群离开圣维特，避免小镇在第七装甲师到达后出现拥挤的现象。同时，琼斯考虑向艾费尔高原调派 2 个团的兵力。他给米德尔顿打电话，汇报他的撤离计划，但由于线路不好，通信出现了数秒钟的中断，使得琼斯误认为米德尔顿反对他的建议。第四二三和第四二二步兵团陷入了严重的危机。

18 时 30 分，美军第十八骑兵侦察中队撤到韦雷斯，把第三十二骑兵侦察中队 A 连的阵地完全暴露在德军面前。A 连试图申请撤退，却无法与司令部取得联系。通过对战场形势的评估，第三十二中队 A 连认为他们的阵地已经越来越危险，于是决定撤往霍恩斯费尔德。随后，他们及时撤往这个村庄，进入第九十九师的防区。

与此同时，第三十二中队 B 连在安德勒遭到一支由"虎"式坦克和步兵组成的德军部队的攻击。这支部队隶属于第六装甲集团军，为了寻找能够承受"虎"式坦克的道路，他们进入了第五装甲集团军的进攻区域。B 连急忙撤退，把第三十二中队的其他人员留在了孤立无援的海勒斯巴奇。B 连撤到申堡，但很快遭到了德军第二九四团的进攻，被迫继续向西撤退。他们一边撤退，一边寻找可以建立重火力点的地点，最后在靠近雷伊姆的一条公路的转弯处找到了一个合适的地点，决定在此抵御德军的进攻。在接到撤往圣维特的命令前，他们已经将德军的进攻迟滞了2个多小时。

这一天，德军西线总司令龙德施泰特向所属部队发布了战前动员命令：

西线战场的勇士们：

属于你们的时刻到来了！就在今天，我们强大的部队已经向英美联军开战了！

我不需要对你们说得太多，你们自己完全可以感觉到这一切。

请记住我的话：不成功，便成仁！

勇敢地承担起你们神圣的责任，为了我们神圣的祖国和伟大的元首，竭尽全力去实现你们的英雄梦吧！

德军在第一天的战斗中几乎没有实现任何作战目标，但这并不等于说德军的进攻已经失败。除了巴斯托尼周围地区外，前线上其他几个重要部位在未来几天内的形势依然非常严峻，这让盟军很是担忧。

第六章　你要战，我便战

　　巴顿指着地图上的德军突击集团高声说：
"这次要让德国佬引颈受戮，因为我已经控制了
战局。"巴顿还说，他已为第三集团军在面临危
机时谋划了3项可行计划，只需给他的参谋长盖
伊打个电话，把代号为"巴斯托尼之刃"的计划
付诸实施就可以了。

◎ 一〇六步兵师被德军打残

12月17日，德军只有三分之一的运输机勉强飞到空投区，这么少的兵力无法攻下美军防守的交叉路口并建立阻塞阵地。

黄昏时分，美军仍然坚守着圣维特，但美军在乌尔河以西的很多地方的阵地被德军第五装甲集团军突破。对于第五装甲集团军在乌尔河取得的胜利，曼陀菲尔并没有感到满意，因道路被雨水冲得高低不平，装甲部队经常出现堵塞现象。桥梁已被美军炸坏，德军只能沿战线机动。"大西洋壁垒"仍然存在着很多障碍物，这是之前乌尔河对岸的德军撤退时留下的。所有不利条件都使德军第五装甲集团军的推进受到影响，结果在战役第一阶段耗费的时间比预计得多很多。

希特勒希望德军各装甲师在12月17日傍晚到达马斯河，然而这是不可能的，即使沿途没有这么多障碍物，也不能指望德军各先头部队在两天内到达马斯河，并在该河找到没有美军防守和没有被炸毁的桥梁。另外，在南面与德军第五装甲集团军相邻的第七集团军竟然没有按计划规定加强，更未得到希特勒向该集团军曾经保证提供的装备。德军第七集团军没有一支机动部队，缺少卡车，自行火炮和坦克就更谈不上了。该集团军根据计划在菲安登与埃希特纳赫之间发动进攻，其北翼部队取得了较大的战果。然而，由于缺少渡河器材和架桥器材，第七集团军无法扩大战果。兵力空虚的第七集团军只能靠两条腿赶路，无法及时掩护第五装甲集团军左翼向南和向西推进的部队。

午夜刚过，为了给进攻部队提供火力掩护，德军开始轰炸克莱沃。虽然战斗规模较小，但足以使克莱沃城内的炮兵部队（美军第一〇九野战炮兵营B连）明智地撤退。事实上，由于火炮射程不够，美军根本不可能为富勒的反击行动提供支援。第一〇〇野战炮兵营A连的情况更糟，它的阵地被从"地平线公路"后方上来的德军攻占。这样一来，从克莱沃的阵地上发起反攻只能依靠C连和第一一〇团的加农炮连提供支援。但是，由于他们在防御"地平线公路"的战斗中执行支援任务，不可能发挥很大作用。美军第二营开始前进，但马上遇到了重重困难。F连遇到了附近丛林中的德军，两个小时才将他们击退，而E连在努力前进一段距离后也遇上了德军。当富勒命令一个排封锁马尔纳赫和克莱沃之间公路的时候，他们已经与德军展开了激烈的交战，此时德军装甲部队正行进在这条公路上，担任封锁任务的这个排根本无力阻止德军的前进。美军第七〇七坦克营遇到了德军坦克歼击车群，在短暂的交火中，美军的18辆装甲车中有8辆被击毁，另有3辆被步兵反坦克火箭击中。

一时之间，形势万分危急。

12 月 18 日清晨，孤立无援的美军第一〇六师第四二二和第四二三团被德军包围。第一〇六师师长琼斯将军命令 2 个团向申堡的德军发起进攻，设法突出重围。到了第 2 天，四二二团和四二三团仍然没有突围成功。这 2 个团在前往各自目的地的途中失去联系，遭到德军的疯狂袭击。傍晚时分，四二二团团长卡文德上校和四二三团团长德施诺克斯上校均意识到继续坚守阵地已经毫无意义，于是极不情愿地下令部队投降。大约 800 名美军成了德军俘虏，第一〇六步兵师被德军彻底打垮。

12 月 18 日，进攻鲁尔大水坝的美军第一集团军司令霍奇斯发现事态在恶化，德军已经越过斯塔佛洛，向他设在斯帕的指挥部逼近。霍奇斯和他的参谋们连忙撤到安全的地方。当天，艾森豪威尔发现德军的这次进攻不是有限的反攻后，立即把没有使用过的 2 个空降师投入战斗。

9 时 30 分，德军坦克从马尔纳赫滚滚而来，美军派出预备部队中的 5 辆"谢尔曼"坦克前往迎战，双方展开激战。3 辆美军"谢尔曼"坦克在交战中被击毁，德军也损失了 4 辆坦克，幸存坦克被迫后撤。为了获取更多的弹药，2 辆美军坦克离开战场，向连部驻地开去，却一去不复返。美军一个坦克排离开蒙斯绍森，前往克莱沃。当这个坦克排抵达三岔路口的时候，被一辆德军Ⅳ型坦克发现，两辆坦克随即展开了激烈交火。德军坦克被摧毁，残骸横在马尔纳赫和克莱沃之间的道路上，构成了一个完美的路障，德军其他装甲车辆无法从该方向前往克莱沃。但是，这并没有阻止其他方向德军的进攻。

这一天，德军第五装甲集团军先头部队第四十七装甲军进抵公路交通枢纽巴斯托尼。第四十七装甲军只留下了第二十六人民掷弹兵师攻打巴斯托尼，第二装甲师和装甲教导师绕道前行，错过了不费力气占领巴斯托尼的机会。

右路进攻的迪特里希党卫军第六装甲集团军也抵达昂布莱夫河上的一个渡口，向前推进了50公里，其先头纵队"派佩尔战斗队"抵达并占领了马斯河渡口。然而，这支纵队在斯塔沃格市过夜时，对近在咫尺的存有200万加仑汽油的美军的燃料库及重要桥梁漠然视之，以致美军增援部队利用其设置障碍（燃烧汽油、炸毁桥梁），挡住了德军前进的道路。左路德军第七集团军所辖的4个师均渡过奥尔河，其中第五空降师突至19公里处的维尔茨，在南侧为中路部队建起了一道壁垒。

◎ 巴顿语惊四座

12月19日，盟军总司令艾森豪威尔在凡尔登召集陆军高级将领开会。会议的主题是制定出一个阻止德军疯狂进攻的策略。会议在一座潮湿的法国旧军营里召开。盟军当前的局势非常糟糕：德军装甲部队正畅通无阻地向西驰骋；第五装甲集团军正通过圣维特和巴斯托尼之间48公里宽的突破口。关于德军空降部队已在每处十字要道着陆及德军突击队穿着美军制服突然出现在灌木丛后面的谣言盛行。

"当前的局势，"艾森豪威尔对神情严肃的将军们说，"对我们来说是个机会而不是灾难，大家应该高高兴兴地参加会议。"

巴顿将军笑了笑说："真见鬼，让我们振作精神把那些狗娘养的德国人赶到巴黎去吧。这样我们才能真正把他们分隔开，然后各个击破！"

"不，"艾森豪威尔冷静地说，"我们不能让敌军渡过马斯河。"

美军采取了一种简单的牵制和反击策略，这是在第一次世界大战时学会的。从那以后，这就成了美国军校的教学内容。在埃尔森博恩山脉的第二、第九十九步兵师和埃希特纳赫附近的第四步兵师及第十装甲师分别加固了北方和南方防线的软肋。通过这些增援，美军将可以在德军突出的两翼建立稳固的阵地，从而将突破口限制在一个狭窄的地带；然后将其截断，进而分割前往马斯河的德军以形成优势。

艾森豪威尔在会上谈了自己的想法：第一，盟军在默兹河后方决不能后退；第二，巴顿将军负责率部进攻德军南翼，辛普森将军的第九集团军随时准备袭击德军北翼；第三，巴顿将军率先发起进攻，然后前往巴斯托尼与第一集团军会合。他决定，由巴顿的第三集团军对南翼德军率先发起反击。当第三集团军向北冲击南翼德军时，他们将解除比利时人的巴斯托尼之围，这可是一个极具威胁的咽喉要道。

艾森豪威尔转身问巴顿什么时候可以发起攻击。巴顿回答："12月22日，我将率3个师发起攻击。"在座的其他将军表示怀疑，他们认为巴顿总想着进攻，欲使人数众多的联合作战部队实行大调动，将3个师的兵力拉出战线，向北进发并发动进攻，而这一切要在3天内完成，这显然是不可能的。

巴顿指着地图上的德军突击集团高声说："这次要让德国佬引颈受戮，因为我已经控制了战局。"巴顿还说，他已为第三集团军在面临危机时谋划了3项可行计划，只需给他的参谋长盖伊打个电话，把代号为"巴斯托尼之刃"的计划付诸实施就可以了。

会议结束后，艾森豪威尔返回了驻凡尔赛的盟军最高司令部。此时，他又要做出一个重大决定。盟军最高统帅部参谋们一致认为，由于德军的渗透，布莱德雷位于卢森堡的司令部距离第一和第九集团军太远，无法有效指挥这些部队。最高统帅部情报局局长斯特朗建议艾森豪威尔把布莱德雷的指挥权分出一部分给距北方威胁最近的指挥官蒙哥马利将军，让蒙哥马利暂时指挥第一和第九集团军，布莱德雷继续指挥南部的巴顿第三集团军。艾森豪威尔意识到这种变动看起来是对布莱德雷的不信任，同时这也会使一些美国军官烦恼不已，因为他们认为蒙哥马利傲慢自大、自以为是，又谨小慎微。不过，这一分权方案显然是有远见的，它不仅仅是牢牢把握行动控制权的一个保障，更主要是可以鼓励蒙哥马利把英军全部力量投入战争。

艾森豪威尔经过反复权衡后，在次日清晨的会议上提出了这个分权方案。这是一个非常敏感的决定，因为这可能是对布莱德雷作为一名高级指挥官能力的考验，但是这也存在着蒙哥马利利用这次行动谋求北欧战场地面战争全面指挥权的危险。尽管如此，因为艾森豪威尔看到了这一建议的重大价值，随即批准了这一建议。分权命令发出后，出现了预料之中的情况。布莱德雷非常生气，而蒙哥马利因获得了更大的指挥权而狂喜，他立即前往第一集团军司令部，澄清美军对他这个英国陆军元帅的种种怀疑和猜测。他的一名参谋后来评价，蒙哥马利当时的表现简直就像一个"前往教堂净化教徒心灵的救世主"。然而，无论是布莱德雷还是蒙哥马利，他们在处理个人感受时都缺乏专业水平。后来，布莱德雷被迫做出让步，蒙哥马利也缓和了自己的态度。当时，他认为美军应当撤出圣维特，但是美军不同意这个观点，坚持在此抵御德军。

这一天，美军第一〇一空降师到达巴斯托尼，及时堵住了向前推进的德军。此前，在巴斯托尼市接近地防守的美军第十装甲师几乎被德军教导装甲师全歼。

与此同时，德国党卫军第六装甲集团军第一一六装甲师推进到乌法利兹。在巴斯托尼以北地区，党卫军第六装甲集团军"班克"第二师遭到美军少量兵力的抵抗，推进神速。党卫军第六装甲集团军其他师已经被牢牢牵制在两翼。

战事表明，美军第一○一空降师牵制了巴斯托尼市德军两个师，包括1个装甲师。在中路推进的党卫军两个装甲师前出至马斯河。随后几天，当其他德军师继续进攻巴斯托尼时，党卫军的两个装甲师开始向乌尔特河推进。德军教导装甲师被调往南翼，"班克"第二装甲师也推进到马尔什，第一一六装甲师被美军拦截在马尔什以北的乌尔特河弯曲部。为了避免耗费时间，德军第一一六装甲师从拉罗什转移到"班克"第二装甲师北翼。

德军第五装甲集团军各装甲师在非常难走的山路上推进。当时，德军没有像1940年5月那样在晴朗和干燥的天气中通过山路。一路上遇到了很多困难，根本无法渡过马斯河，最可怕的是燃油供应经常中断。如果德军能够攻下巴斯托尼，同时南翼攻势再顽强一些，并适时将新的部队投入突破口，就有可能扩大装甲部队的战果，在推进至马斯河以后北上，再调受阻的北翼部队和党卫第六装甲集团军随后进攻，达到了威胁盟军补给线的目的。

◎ 见鬼去吧

12 月中旬，希特勒将 G 集团军群总司令巴尔克解职。陆军参谋总长古德里安为巴尔克求情，于是希特勒任命巴尔克为驻匈牙利的第六集团军司令。另外，希特勒还撤换了一批高级军官，以发泄他的不满。

12 月 20 日，德军的进攻部队已形成一支宽 100 公里、纵深 30 至 50 公里的突出部，并继续向前推进。德军攻下豪法莱兹，进而向缪斯河渡口快速推进，在迪南一带强渡缪斯河。当时，如果德国第五装甲集团军从北面得到党卫军第六装甲集团军的强有力支援，那么会取得较大战果。然而，党卫军第六装甲集团军并未取得重大突破，特别是第一装甲师推进速度较快，两天时间就突破了 36 公里，不过其他各师进展迟缓。

党卫军第六装甲集团军执行的是主攻任务，然而其司令官迪特里希对坦克战却一无所知。美军王牌第一〇一空降师和第十装甲师在巴斯托尼一带拼命死守，使德国党卫军部队难以前进。尽管德军取得了一些突破，但是西线总司令龙德施泰特早已预料到，甚至不用到 12 月 22 日进攻就前功尽弃，莫德尔也同意龙德施泰特的看法。

这个时候，巴顿指挥美军第三集团军在南翼发动了反突击，该集团军的突击力非常强悍，迫使德党卫军第六装甲集团军抽调兵力，支援第七集团军。这样就更加削弱了德军的主攻力量。冰冻而狭窄的阿登山路上，挤满了德军的坦克和卡车。与此同时，美军第九集团军各师在北翼发动了强大的反突击。

德军第五装甲集团军尽管士气很高，却无法实现希特勒快速推进的愿望。为了占领圣维特，司令官曼陀菲尔下令"元首卫队"旅对该城发起进攻。这样，向马斯河方向推进的装甲部队的力量就更弱了。

20 日下午，美军第一〇一空降师师长麦考利夫将军拜访了第八军军长米德尔顿驻讷沙泰勒的司令部。在被问及巴斯托尼还能坚持多久时，麦考利夫回答说，即使德军对阵地形成合围，他们至少也能坚持 2 天。但是，米德尔顿对此表示怀疑，只能暗自祈祷讷沙泰勒和巴斯托尼之间的公路不要被德军切断。如果被切断，第一〇一空降师将被团团包围。麦考利夫离开米德尔顿的司令部后，命令司机全速前进，以免公路被德军切断。幸运的是，在他返回自己的司令部 30 分钟后，公路才被德军切断，巴斯托尼被德军包围。在未来两天里，德军进行了几次侦察，但没有进攻，只是继续集结攻击部队。第一〇一空降师全体官兵面对德军的包围镇定自若。第五〇六空降步兵团的理查德·温特斯上尉说，空降兵正"期待"着被包围。然而，麦考利夫却忧心如焚，因为弹药已经出现明显的短缺，食物和油料日趋减少。既然如此，守备部队只能耐心等待了。

12 月 21 日，德军经过连续激战终于夺回遭到 3 面围攻的圣维特。盟军在圣维特的抵抗牵制了德军 2 个步兵师和 1 个装甲旅。令希特勒感到失望的是，德军无力在美军重兵到来之前抢占重要的道路枢纽——巴斯托尼市。在某些进攻地段，德军指挥官甚至犯了一些可以预见的错误。

盟军最高统帅部以坚决的防御措施应对德军的进攻。在德军发起进攻后，美军当天就调去 2 个步兵师拦截党卫军第六装甲集团军，还在德军第五装甲集团军两翼各投入 1 个美军装甲师进行拦截。这 2 个美军装甲师中，1 个在圣维特一带阻击，另 1 个用于拦截德军第七集团军，同时以一部兵力掩护巴斯托尼市。

德军右翼的党卫军第六装甲集团军，以及第五装甲集团军的右翼部队均无法快速推进到马斯河。盟军在蒙哥马利的指挥下，在马斯河做好了迎战准备。

21 日晚，美军撤出圣维特城，抢占了城西高地。德军第五装甲集团军开始全力攻击巴斯托尼城，阿登战役进入最后阶段。在接下来的几个星期里，巴斯托尼城成为双方损失惨重的血战中心。双方一个个师被调往巴斯托尼地区，参加城市争夺战。德军投入城市争夺战的兵力最多时达到 9 个师。党卫军第六装甲集团军不得不分散部分兵力支援第五装甲集团军。希特勒的反攻计划就这样彻底破产了。德军巴斯托尼攻坚战打得很艰难，但它最终为盟军防御战的获胜发挥了决定性作用。

12 月 22 日，德军西线总司令龙德施泰特向希特勒请求停止进攻，最紧迫的事情是把第五装甲集团军和党卫军第六装甲集团军从西线撤走，紧急调往东线堵截强大的苏军集群。

龙德施泰特无疑触动了希特勒的敏感神经，他最反感的就是部下向他提出撤退的建议。在希特勒的坚持下，德军装甲部队又猛烈地进攻了好几天。蒙哥马利针对德军装甲部队的进攻采取了相应的防御措施。

中午时分，美军第一〇一空降师驻守前沿阵地的部队吃惊地发现4名德军举着白旗走来。随即，两名军士带上一名会讲德语的士兵走出指挥所，询问来访者的真正目的。4名德军中有2名军官和2名士兵，其中一名军官用娴熟的英语向他们解释，他们希望与该地段守军的指挥官对话。4名德军被带到作为临时指挥所的一处农舍，莱斯利·史密斯中尉将2名军官带进连指挥部，让2名士兵留在外面等候。德军军官将一份最后通牒书交给了连长亚当斯上尉。德军在最后通牒书中威胁美军尽快投降，不然他们的大炮将把巴斯托尼夷为平地。这份最后通牒其实是故意在诈美国人的，因为第五装甲集团军没有足够的火炮，根本发挥不出如此巨大的威胁。消息逐级上报，最终经美军第一〇一空降师参谋长穆尔中校之手呈递到了师长麦考利夫的手里。麦考利夫询问最后通牒的内容。穆尔说："德国人叫我们放下武器投降。"麦考利夫说："哦，见鬼去吧！"

随后，麦考利夫召集参谋开会，询问如何回复德军的最后通牒。他们苦思冥想，很难找出合适的语言。最后，作战科长哈里·金纳德对师长麦考利夫说，师长的第一反应就是最好的答复。参谋们纷纷赞同，于是麦考利夫起草了一份军事史上最有个性的回复函：

致德军指挥官：

　　见鬼去吧！

美军指挥官

美军第一〇一空降师第三二七滑翔机步兵团团长约瑟夫·哈帕将通牒回复函交给了其中一名德军军官，对方非常有礼貌地询问其中的内容。虽然这名德国军官的英文水平很高，但很难理解文中"nuts"在英语俚语中的隐含意义。哈珀看出了他的困惑，向他解释："这个词汇在日常英语中的含义是'见鬼去吧'。"然后，他打发走了还在困惑中的4名德国人，让其返回到阵地。

德国人的最后通牒是在第五集团军司令曼陀菲尔不知道的情况下发出的。他在获悉此事后非常恼火，警告这次通牒事件的策划者第四十七军军长吕特维茨将军："我们根本没有足够的火力来制造出最后通牒中所发出的威胁，如果美军了解了这一真相，将使我们陷入更加危险的境地。"如今，德军唯一的办法只能依靠空军对巴斯托尼进行轰炸。曼陀菲尔当晚便向上级发出了请求。

◎ 苦战圣诞节

12 月 23 日，盟军对德军第七集团军和第五装甲集团军的推进见到了成效。恶劣天气也在这一天结束了，盟军的战机越来越多地从云层中向下俯冲轰炸和扫射。德军被迫停止一切白天活动。同时，盟军战略空军所属各兵团开始空袭莱茵河以西的德军补给线，并向德国各机场发动了猛烈的空袭。

黄昏时分，德军第五装甲集团军在马斯河以东的推进被盟军阻挡住。因为德军无法调动预备队，以后几天的天气将逐渐好转。由于缺乏燃油，德军的大部分炮兵部队竟在 12 月 16 日以来没有离开过出发阵地。与此同时，从马尔什向迪南推进的德军第二装甲师右翼部队突然遭到了强大的反攻。其侦察营和随后跟进的部分兵力被美军装甲部队和英军装甲部队分割包围。随后几天，这些部队几乎都被盟军歼灭，只有少量兵力逃到德军第二装甲师其他部队那里。

德军第五装甲集团军在巴斯托尼以南的侧翼掩护部队很难坚持到该市被

攻占。几天来，德军又调来1个伤亡过半的步兵师进攻该市。事实证明，进攻巴斯托尼、坚守该市南翼和继续向马斯河推进的任务，超出了德军第五装甲集团军的能力。

希特勒迟迟不肯把现有全部兵力投入德军第五集团军突击方向，只是把最近几天到达斯托涅的党卫军两个师和另外两个步兵师投入到南面恢复巴斯托尼包围圈的战斗。这4个师的部分兵力还要用于加强向西推进的德军第五装甲集团军，这些师与乌尔特河一带的党卫军第六装甲集团军左翼部队相邻，仍然占领着罗希福尔。

盟军从南面和西南面不断向巴斯托尼地区调兵，由于盟军的攻势越来越猛，德军第五集团军南翼部队被迫向巴斯托尼方向转移。盟军占有压倒性优势，其空军几乎使德军后方的铁路运输瘫痪。随着盟军航空兵的持续轰炸，德军后方一片狼藉，局势已经失控。白天，很多德国列车满载供应部队的物资躲进隧道。后勤部队难以找到调拨给他们的弹药和燃油列车，且必须在晚上卸载。从天气转晴的第一天起，德军后勤部队几乎无法组织有计划的运输，第二天以后就谈不上补给了。

12月24日，德国空军开始尽最大努力支援陆军地面作战。德军第五集团军司令曼陀菲尔眼巴巴地等待着进一步行动的命令。

12月25日，曼陀菲尔终于收到希特勒的训令。希特勒命令第五装甲集团军占领马尔什地域的山区，并许诺再调来两个师。然而，在天气好转的情况下，这两个师不知何时才能到达。

25日凌晨3时，德军向美军阵地发动了全面进攻，突破了香巴村庄附近的两处防御阵地。德军部队长驱直入，途中遭遇美军第七〇五反坦克炮兵营的 4 辆坦克歼击车, 其中 2 辆被德军击毁, 另外 2 辆摧毁了 3 辆德军坦克。在这一战绩的鼓舞下, 美军空降部队使用火箭筒击中另一辆德军坦克。紧接着, 一个火箭筒小队又击中了第 5 辆坦克。当德军的第 6 辆坦克向村庄前进时, 也被火箭炮击中。第 7 辆坦克的乘员在海姆鲁尔被迫放弃坦克, 向美军投降。德军在圣诞节当日的进攻以失败告终。

阿登战役战场

在曼陀菲尔的催逼下, 德军第二十六党卫师师长被迫同意在圣诞节次日发起另外一次进攻。他认为, 美军增援部队很快就会到来, 形势对德军非常不利。果然不出所料, 就在当天下午, 美军第四装甲师经过 4 天长途跋涉, 穿越了德军的层层防线, 到达巴斯托尼附近, 它的先头部队是第三十七坦克营和第五十三装甲步兵营。

一天结束时，德军第二装甲师阵亡 2500 人，1050 人被俘，损失 81 辆坦克（共 88 辆）。此役，美军第二装甲师赢得了"活动地狱"的称号。

12 月 26 日，美军第三集团军推进到巴斯托尼一带。天气晴朗，盟军出动了数千架轰炸机，恐怖的空袭整整持续了一天。第四装甲师第二战斗群杀开一条血路，突破了德军对巴斯托尼的包围，与美军第一〇一空降师的部队会合。一〇一空降师的士兵们冒着德军的炮火，趴在积雪的散兵坑里坚守阵地。

26 日 15 时，美军第三集团军第四装甲师先头部队第三十七坦克营和第五十三装甲步兵营到达克劳希蒙附近的一个交叉口。在获悉了锡布莱特可能被德军占领的消息后，他们挥师西进，前往锡布莱特。在公路交叉口，这两支部队的指挥官克赖顿·艾布拉姆斯中校和乔治·雅克中校命令部队停止前进，就地磋商下一步行动计划。两人都对穿越锡布莱特后的前景充满疑虑。当艾布拉姆斯看见一架 C-47 正在低空飞往巴斯托尼，立即意识到与穿越锡布莱特相比，解救巴斯托尼更为重要，于是建议暂时放弃锡布莱特，前往巴斯托尼。雅克表示同意，他们立即出发，但是没有告诉上级 R 装甲作战群指挥官温德尔·布兰查德上校，他们稍微改变了计划。

夕阳残照，艾布拉姆斯的部队在前面带路，6 辆"谢尔曼"坦克在查尔斯·P. 博格斯中尉的指挥下向阿森奥斯开进。博格斯和他的坦克编队（包括搭载步兵的半履带式车辆）势不可当，迅速穿过了阿森奥斯，但后续部队遇到了德军的反抗，双方展开一场激战。此时，博格斯和他的坦克编队已经离开了阿森奥斯，开始沿着公路穿越城镇外围的一片森林。前面 3 辆坦克飞快地穿过森林，德军根本来不及在公路上布雷。

当博格斯的第 2 批坦克穿越森林时，坐在坦克上的艾布拉姆斯的作战科长——威廉·德怀特上尉命令坦克开下公路，用机枪扫射森林里的德军。美军步兵纷纷跳下坦克，迅速清除路上的地雷，而后跳上坦克，继续追赶先头部队。当博格斯的坦克编队驶出森林时，看见前方 100 码处有一个德军碉堡，一支美军部队正准备对其发起进攻。博格斯命令炮手立即向碉堡开炮，很快便将其摧毁。然后，他打开炮塔舱门向着远处的美军挥手，才知道他们原来是第三二六空降工兵营。

16 时 30 分，美军第三集团军第四装甲师第三十七坦克营 C 连连长博格斯中尉驾驶的 M-4 坦克第一个冲进了巴斯托尼。在他的后面，美军的装甲部队如钢铁洪流涌入一〇一空降师的阵地。身体疲惫但士气高昂的一〇一空降师师长麦考利夫连连称赞巴顿麾下"铁轮地狱"的速度和力量。在第九装甲师和第八十步兵师的增援下，第四装甲师打通了阿尔隆通向巴斯托尼的公路。16 时 50 分，美军彻底打破了德军对巴斯托尼的围困。

巴斯托尼的解围成为德军希望破灭的转折点。希特勒是不会这么认为的，他同意暂缓对默兹河东部的进攻，但是决不放弃占领安特卫普的目标。希特勒的决定源于他的盲目乐观。德军已经竭尽全力，仍然没能像希特勒希望的那样，给盟军造成致命性打击。相反，美英军队在整个战场上给德军造成了严重的人员伤亡。圣诞节前，德军装甲部队就已损失惨重。盟军获得了绝对的空中优势，使德军在白天面临严重的威胁。

◎ 巴顿的漂亮一战

12 月 26 日，美军第三集团军司令巴顿收到该集团军参谋部一份战局形势分析报告。

集团军司令：

我们建议，集团军应该继续进攻，继续消灭敌军，不给敌军喘息之机。我们的建议是根据下列几点提出的。

1. 西线德军攻击力量全部集结在预定的地域内。

2. 据我们估计，敌军在其他方向的进攻都是目标有限的进攻，除非从其他前线调来装甲部队，否则敌军将缺乏装甲部队应有突击能力和速度。

3. 目前，我集团军有 7 个强大的步兵师和 3 个装甲师，拥有108 个炮兵营的支援。另外，还可能得到 4 个师（第九十四、第八十七、第十七空降师及第十一装甲师)、以后还可能得到第二十八步兵师和第九装甲师的加强;第一〇一空降师短暂休整后即可重新投入战斗。第三集团军的补给设施处于非常有利的位置,足以支援继续进攻。我们在这些设施中的储备情况越来越好,并且这个地区的铁路网非常发达,一直在积极地支援进攻。如果战区后勤能不断地将给养运到我集团军,我们发动持续进攻将不会有什么问题。我们的通信系统健全,布置得当,运转良好。

4.盟军部队可以将其北翼推进至默兹河。充分利用该河做屏障,加上上述各部队,我们就能彻底封锁德军突出部的南翼。我们建议,将集团军作战区域内防守默兹河的部队调到塞木瓦河,并在这里建立起一条牵制性防线。

5.我集团军的连续进攻对敌军在突出部的交通和通信构成威胁,我们如果普遍撤退,势必让敌军能重新集结力量,从而使其重新获得主动权。时间是敌人当前企图夺取的战略目标。

6.空军将获得一个明确的作战区域,其主要作战行动将集中于上述有限地区。空军部队已部署在能够支援进攻的机场。飞行员和飞机数量比以往和这次作战以来任何时候都多。

7.士气(包括士兵和公众)是不能忽视的。我们的士气虽然不会降低,但是如果主动撤退,士气必将受到影响。士兵用他们的生命和英勇作战才夺取了我们控制的这些地域,主动放弃无论从心理上还是军事上看都将是一场灾难。我们的集团军只知道进攻,且只懂得进攻,不知道,也不懂得什么是后撤或什么普遍的撤退。

因此，我们一致认为，萨尔阵地是能够守住的。如果将侧翼战线从莱茵河后撤退到萨尔—孚日山区一线，充其量只能得到两个美军师。这两个师本来可以用来对位于第二十军作战区内被德军占领的萨尔至摩泽尔河之间三角地带发动进攻。仅这一点本身，敌军便不得不予以考虑。放弃孚日山区，无论从补给还是空中作战和战略上看，都不会对敌军起到什么影响，而撤至摩泽尔无论从哪方面看都没有任何好处。

综上所述，我们得出如下结论：

1. 第一集团军和我集团军两翼之间沿默兹河的主防线应推进至默兹河。

2. 继续我集团军已经开始的攻势。

第三集团军参谋部副参谋长：保罗·D.哈金斯上校

第三集团军参谋部作战处长：H. G. 马多克斯准将

第三集团军参谋部情报处长：奥斯卡·W. 科克上校

12 月 28 日，希特勒不得不下令暂停进攻，但是他不准任何部队后撤一步。

12 月 29 日，德军第九装甲师在豪法莱兹西北的山区防守。冰冻的山路上很多地方都被盟军的轰炸机炸坏了，盟军飞机扑天盖地而来，轰炸和扫射德军交通线和补给站，而此时的空中已经看不到一架德军飞机了。

德军的车辆和坦克大部分被炸毁，残骸堆了一路。德军第九装甲师防守着第五装甲集团军最前沿的阵地。美军正在两翼围攻，其突出部端部对德军第九装甲师的威胁最大，但他们接到的命令却是就地防御。德军第九装甲师的士兵大部分是奥地利人，伤亡惨重，但士气很高。第九装甲师只剩下 20

辆坦克，两个装甲步兵团约800人。该师还有一个比较完整的炮兵团，主要靠这个炮兵团才顶住了美军猛烈的攻势。直到1945年1月5日，该师才接到撤出阵地的命令，在后面掩护第五装甲集团军撤退。

这一天，美军第四装甲师彻底击溃了围攻巴斯托尼的德军，准备集中兵力攻向德军的前进基地赫法利策。

12月30日，巴顿驱车前往巴斯托尼。他的汽车紧挨着德军驶过，幸好他们没有开枪。进城后，巴顿授予麦考利夫十字勋章，他在这场战斗中指挥一〇一空降师，同时授予查普斯中校十字勋章，他指挥的是第五〇二空降步兵团。随后，三人乘车四处巡视，以便让士兵们能看到他。士兵们见到巴顿等人后，个个欢呼雀跃。

12月31日，德军对盟军进行了17次反击，都被盟军击退了。盟军未能占领更多地盘，只有美军第六装甲师在通向圣维特的公路进行突袭，向前推进了4公里。

午夜，巴顿下令第三集团军所属全部炮兵用最猛烈的火力集中向德军阵地齐射20分钟。在炮火的轰鸣和德军的哀号声中，巴顿以其特有的方式迎接新的一年。对美军第三集团军在战斗中的英勇表现，英国首相丘吉尔不禁称赞道："毫无疑问，这是美国人在战争中最伟大的一役。"

1945年1月1日，美军第三集团军司令巴顿将军下达了著名的第1号进军命令。

第 1 号命令

第三集团军全体官兵及我们的第十九战术空军司令部的战友们：

从浴血奋战阿弗朗什到布雷斯特，从横扫法兰西到萨尔，从翻越萨尔河进入德国境内，到如今向巴斯托尼的进攻，你们从一个胜利走向另一个胜利。你们不仅以百折不挠的精神克服险恶的地形、恶劣的气候等难以克服的困境，还战胜了残暴疯狂的敌人。不管酷暑还是沙尘，也不管洪水还是暴雪，这些困难都不能阻碍你们前进的坚定步伐。你们前进的速度和光辉的战绩在世界军事史上无人能比。

我最近荣幸地从第十二集团军群司令奥马尔·N.布莱德雷将军手中接受了我的第二枚橡树军功章。我之所以获得如此荣誉，不是因为我取得了什么战绩，而是因为你们取得了伟大胜利，我由衷地感激你们。

我的新年祝愿及对你们的最大期望是，在万能的上帝护佑下，在我们的总统和最高统帅部的指挥下，继续续写你们的光辉历程，尽快结束暴政，消灭罪恶，为我们死难的战友报仇，使饱受战争蹂躏的世界重新获得和平。

命令结束的最后时刻，我难以找到更合适的语言，谨以斯科特将军（笔者注：美国历史上任期最长的军队统帅，治军甚严，人送绰号"吹毛求疵的老家伙"。）在查普尔特佩克说的那句不朽的名言来表达我对你们的感情吧，他说："勇敢的士兵们，身经百战的士兵们，你们经历了血与火的洗礼，百炼成钢。"

第三集团军司令乔治·巴顿中将

1945 年 1 月 1 日

同一天，德国空军出动 1000 多架飞机发动了"地平线行动"，空袭了盟军在比利时和荷兰的机场。盟军大量飞机被德机摧毁在地面，战斗机在空战中损失惨重。参加空袭的德军飞机损失了 300 架。

德军西线总司令龙德施泰特、B 集团军总司令莫德尔和第五装甲集团军曼陀菲尔 3 人不断向希特勒发报，请求在盟军大反攻前，立即把部队撤回出发阵地，这样才能挽救大部分部队。希特勒不愿接受失败的现实，命令德军无论如何都要守住占领区，最好能攻下巴斯托尼。

1 月 3 日，天降大雪，希特勒集结了 9 个师继续猛攻巴斯托尼，阿登反击战中最激烈的战斗打响了。此时的巴斯托尼已经得到巴顿第三集团军的增援，德军进攻虽然疯狂却毫无进展。美军很快由防御转为反攻，德军被迫开始撤退。美军同时向德军突击集团的两翼发动猛攻，进攻的目的是从南北两翼推进到乌法利兹，切断留在乌法利兹以西的所有德军。

比利时阿登，美军与德军正在这片区域做殊死搏斗

激战中，盟国空军为地面部队提供了强大的支援，美军向德军装甲部队的两翼快速推进，德军面临着被合围的危险。美军因不适应雪地作战，这次进攻最终没有获得胜利。德军适应雪地作战，在拼命奋战的后卫部队的掩护下，赶在美军在乌法利兹附近形成合围以前，进行了异常艰难的撤退。这样一来，德军的阿登反击战变成了艰苦的后卫战，兵力和物资损失很大，补给困难，其中最缺的是燃油。

　　对于巴顿第三集团军强悍的作战风格，蒙哥马利不得不承认："美军官兵是一群非常勇敢的战斗员，他们在战争中表现出来的顽强精神表明，他们不愧为世界上第一流的军队。正是由于他们的存在，龙德施泰特才一筹莫展。"

第七章　阿登再无奇迹

　　德军第五装甲集团军撤到奥尔河一带，当初该集团军曾在这里发起阿登反击战。德军的阿登反攻显然是失败了，德军无论兵力还是装备方面损失都非常大，不过争取了几周的喘息时机。

◎ 古德里安顶撞希特勒

1月6日，丘吉尔致电斯大林，希望苏联红军在本月发动一次重大攻势，以配合盟军在阿登地区的作战，电文如下：

当下的西线战斗非常激烈，盟军最高统帅部随时需要做出大量决定。根据你的切身经验不难明白，失去主动权后又不得不防守一条很长的战线时，这种处境是多么令人焦虑。艾森豪威尔将军特别渴望也特别需要知道你的行动计划，因为这事关他的和我们的一切重大决定。昨晚接到报告说，我们的特使空军上将特德因天气被困于开罗。他的行程已耽误了不少时间，我没有半点怪你的意思。如果他现在还没到你那里，请告诉我：贵军可否于1月份在维斯杜拉河战线或其他地方发动一次重大攻势？如若能告知以上消息并附以其他你愿意说明的细节，则非常感激。除布鲁克陆军元帅和艾森豪威尔将军外，我不会把这一最机密的情报透露给任何人，并且我会在最保密的情况下告诉他们两人。我认为这件事非常迫切，期待着你的答复。

1月7日，斯大林复电丘吉尔：

我于1月7日傍晚收悉你1945年1月6日的来电。很不凑巧，特德空军上将至今还没抵达莫斯科。利用我们在空军和炮兵方面对德军的绝对优势非常重要，这需要有适合飞行的晴朗天气以及地面没有阻碍炮火瞄准的雾气。我们正在准备一次大规模的攻势，不过当前的天气不太理想。然而，考虑到我们的盟军在西线战场的情况，我最高统帅部决定加速完成准备工作，并决定不管天气怎样，最迟在1月的后半月沿着整个中央战线向德国人发动一次大规模的攻势。你尽可放心，我们一定尽全力帮助我们盟国的光荣部队。

1月8日，希特勒第一次承认了阿登反击战彻底失败，同意将一些部队从阿登突出部撤走。次日，德军最高统帅部召开战局形势报告会。当德国陆军参谋总长古德里安提醒希特勒注意危险的东线时，希特勒不愿面对现实，情绪异常激动。古德里安在报告中列举了陆军参谋部东线提供的情报。希特勒说，这是成吉思汗以来最大的欺骗，这完全是"虚构"的，并指示古德里安把草拟报告的人立即送进疯人院。

古德里安心头起火："准备这个报告的人是盖仑将军，是我最好的一位助手。如果我对他准备的东西感到不满意的话，我决不会随便送给你看的。如果你想把盖仑将军送到疯人院，那把我也送去好了。"

希特勒要求古德里安把盖仑将军免职，被古德里安当场拒绝。

希姆莱站起来对古德里安说："我的判断同元首一样高明，我认为自己要比许多将军高明许多。"接着又说："将军，我认为苏军根本不会发动进攻，仅仅是一场恐吓。东线列举的数字太夸张了，你们不要忧虑，我相信东线一定不会有事的。"

希特勒忍不住咆哮起来，说都是"彻头彻尾的胡说八道"。这个战争狂人心中有一幅奇特的蓝图，每个事实都要符合这幅蓝图，世界一定要跟他想象的一样。然而，残酷的现实很快就粉碎了希特勒的梦想，他不甘心失败，继续给西线以优先权，以便掌控战争的主动权。希特勒坚持不增援东线，还说不准撤退，他宣布："每当我听说从某地撤退时，就感到毛骨悚然。过去的两年中，我总是听到这种泄气话。"

1月10日，希特勒宣布党卫军第六装甲集团军暂时撤出阿登地区，进行休整。由于缺乏抢修设备，加上燃油供应经常中断，德军被迫毁掉或者抛弃大量沉重的补给品和装备。当德军大量陆军部队听说党卫军师只用了几天就全部撤出前线时，部队士气受到沉重打击。希特勒这样做的目的是为了重新装备这些党卫军师以便参加匈牙利作战，但这个决定却给陆军部队留下了非常不好的印象。这次错误举动进一步破坏了希特勒在陆军中的威信。

德军最高统帅部作战局局长约德尔对参谋们说，希特勒认为现在可以通过休整、组建新部队来获得战争必需的兵力。对于现有的部队，希特勒既不想把它恢复到正常的兵力，又不想把它解散。希特勒宁愿组建新的德国师，也不愿补充那些作战经验丰富、只剩一半兵力甚至一小半兵力的师。希特勒竭力让自己相信，增加新师就能应付即将到来的危机，而从根本上改变战争的打法，又是希特勒不愿接受的，他不肯及时向东线发出必要的指示。在希特勒独断专行的领导下，各个战场的部队无法有效地组织起来，无法形成有效的战斗力。在危机四伏的时刻，希特勒只想着西线而忘了东线，正如以前只想着东线而忘了西线一样。

德军的阿登反击战并非全无成功之处，从纯军事的角度来看，德军的战略隐蔽措施与战术隐蔽措施做得非常好，打得美军措手不及。然而，德军将大部分补给品藏在后方，是为了防范盟军飞机的轰炸而做的准备，却引起了意想不到的困难。希特勒向第五装甲集团军许诺的汽车纵队始终未在战役中出现。要想对付补给充足、兵力和装备占压倒性优势的盟军，德军的装备无法达到最起码的要求，前线指挥官们都清楚，这种情况是再正常不过了。

希特勒为许多党卫军师提供了必要的准备，但是许多陆军师却享受不到这样的待遇。那些首当其冲负责突破盟军防线的步兵师只能对其补充兵力进行有限的训练，这并非他们的过错。党卫军各师装备的武器、装备（特别是坦克）比德军第五装甲集团军好很多，这对担负主攻任务的第五装甲集团军各师是个沉重的打击。

德军部队缺少的装备在很大程度上被官兵们的素质所弥补。接连不断的惨败尽管影响了前线官兵的士气，但是在内伊梅根和阿纳姆地区击退盟军空降兵的胜利，使德军部队恢复了士气。面对兵力、装备上占有优势的盟军，德军竟然还能取得鲁尔河之战的胜利，这就更使士兵们陷入希特勒的谎言中。德军现在是本土作战，认为凭借西线作战，能保护好在东线拼死抵抗的德军大后方。

德军发动的阿登战役并没有对盟军造成多大削弱，相反德军损失了大量兵力、物资，希特勒费了九牛二虎之力拼凑的预备队消耗殆尽。在东西两线同时作战的德军没有预备队自然是压力倍增。东线苏军集结了具有压倒优势的兵力潮水般发动了大反攻，德军只能节节败退。

◎ 失败的不止是阿登

1月12日，苏军粉碎了德军防守的巴拉诺维奇桥头堡。苏军从巴拉诺夫登陆场发动进攻，42个步兵师、6个坦克军、4个机械化旅冲进波兰南部，扑向上西里西亚。

德军曾竭尽全力压缩苏军登陆场，连续不断地对苏军的登陆场发起反击。如果苏军在这里突破成功，那波兰南部的整个德军防线将被彻底摧毁。古德里安曾提醒希特勒："东线部队就像纸搭成的房子。"然而，希特勒认为苏军的行动只是虚张声势，他固执地把党卫军第六装甲集团军派往匈牙利，还要增援驻守布达佩斯的部队。

1月14日，希特勒不得不下令把正在阿登地区作战的党卫军第六装甲集团军连同其他4个党卫军装甲师和2个元首旅调往东线战场。同时，党卫军司令希姆莱也被从莱茵集团军群调往东线的魏克塞尔集团军群，因为苏军在6天内摧毁了德军在维斯拉河的防御。德军A集团军群的战役预备队很快被苏军击溃，苏军向西推进了 100—300 公里。随后几天，在苏军强大的攻势下，德军不得不向西撤退 100 多公里。苏军的攻势比德军最高统帅部预想得要大得多。希特勒仓促从预备队、从东线战场其他地段、从西线战场抽调大量兵力投入这一方面作战。

二战东线战场，凶残的纳粹

这样一来，德军在阿登地区兵力骤减，希特勒只能不情愿地同意西线总司令龙德施泰特的建议，把阿登突出部的所有部队撤到豪法里兹东北 10 公里的且雷因一线，以便对部队进行重组，准备对付预计盟军对鲁尔地区的大举进攻。

1月15日，德军第五装甲集团军撤到奥尔河一带，当初该集团军曾在这里发起阿登反击战。德军的阿登反攻显然是失败了，德军无论兵力还是装备方面损失都非常大，不过争取了几周的喘息时机。德军伤亡22万人，美军损失7.7万人，其中被德军俘虏了2万多人。

希特勒发动的阿登反攻战役迫使美军主力从洛林调走，减轻了美军对G集团军群的压力。月初，德军G集团军群的战斗力仍然很强，可以发动一次反攻，并有夺回施特拉斯堡的可能。然而，这种压力的减轻只是暂时的，若以小得多的兵力进攻亚琛一带，德军同样能实现减轻压力的目的。阿登反击战再一次证明，在盟军拥有绝对制空权的情况下，德军装甲部队是无法发挥其战斗力的。希特勒把最宝贵的装甲部队消耗掉后，想拦截东线的苏军就更加不可能了。

同一天，英军第十二军在鲁尔蒙德三角区向德军发起了全面进攻，遭到德军2个师的顽强抵抗。由于英军部队必须突破德军雷区和水泥碉堡，使得接下来的战斗异常艰难。英军奋力拼杀了10天，才将德军逐出鲁尔蒙德三角区。

1月16日，德军整个波兰防线崩溃。希特勒仍坚持将党卫军第六装甲集团军调往匈牙利。在他的很多战略性错误中，这是最严重的一个。几天内，苏军将维斯瓦河防线的德军分割成若干段。次日，苏军占领华沙，波兰人逃往德国。接着，苏军攻下罗兹和克拉科夫。与此同时，盟军南北两路大军在豪法里兹会师，拦腰斩断了阿登突出部的德军。

1月18日，丘吉尔以阿登突出部战役为主题在英国下议院发表演讲。丘吉尔此次讲话的部分目的是为了处理蒙哥马利和英国媒体愈演愈烈的不当言行。蒙哥马利在接受媒体采访时曾公开宣称，阿登反击战的功劳非他莫属。为了提升蒙哥马利的声誉，英国媒体一直在批评艾森豪威尔。丘吉尔在下议院的讲话非常真诚，他说："毫无疑问，突出部战役是第二次世界大战中以美军为主力的一次最伟大的战役。我相信，它必将作为美国人的胜利而永载史册。"

1月20日，苏军冲过西里西亚边界后，推进更加神速。苏军进攻的兵力和猛烈程度是二战中从未出现过的，苏军显然拥有强大的机械化兵团。斯大林给苏军前线指挥官们下了死命令，一定要抢在盟军之前占领柏林。

同一天，法军直扑阿尔萨斯和科尔马登陆场。法军的任务是从南面发动进攻，占领科尔马，同时从北面进攻登陆场。德军第十九集团军拼命抵抗，法军未能完成进攻任务。后来，法军得到4个美军师的增援，4个美军师从西北面攻打科尔马。法军发动的科尔马战役才有了进展。

1月21日，希特勒发布了《关于通信工作的命令》，命令全文如下。

一、各位司令、军长和师长需亲自尽早向我报告如下内容：

1. 实施战役机动的每一个决心；

2. 师以上兵团在最高指挥机关的总指令范围以外计划实施的任何一次进攻；

3. 平静的战线上发动的比通常的突击队活动规模更大的、把敌人的注意力吸引到该战线地段上的任何一次进攻行动；

4. 计划采取的任何一次撤离或退却行动；

5. 放弃居民地支撑点或要塞阵地的每一个计划。

以便我能对上述决心进行干预，尽可能使下达的相反的命令及时传达到前线部队。

二、各位司令、军长和师长，各级参谋部的参谋长和各位总参勤务军官或在指挥参谋部工作的军官应对我负责：直接呈送我的或转呈给我的每个报告必须陈述真实情况。今后企图掩饰事实的行为将得到严惩，不管是故意的还是疏忽大意造成的。

三、需要强调的是，通信联络务必保持畅通。战斗异常艰苦时和危急情况下保持通信联络的畅通，是实施作战指挥的前提条件。每位指挥官均应对我负责：同上级指挥机关和下级指挥所的通信联络不能中断；任何情况下，都能使自己同上级和下级保持不间断的通信联络。

（签字）阿道夫·希特勒

1月底，苏军占领了布达佩斯附近地区和奥得河，这样英美盟国在政治上就失去了东欧。没有任何力量能阻止苏军占领奥地利，英美现在唯一能做的就是抢占中欧仅剩的德国，抢在苏联之前占领柏林。

关键时刻，盟军总司令艾森豪威尔的行动过于谨慎，他最关心的是如何战胜德军。艾森豪威尔无法理解政治问题，他认为当德军还在摩泽尔河与莱茵河之间地区防守时，盟军的兵力还不足以发动强渡莱茵河的攻势。德军可能从这些阵地对盟军的侧翼发动反攻，只有歼灭了莱茵河以西的所有德军部队，强渡莱茵河才有可能成功。在强渡莱茵河前，盟军的兵力应该达到85个师。艾林豪威尔要求美国加快往西线增兵的速度，以便盟军占领德国。

挫败德军阿登反击战后，艾森豪威尔便开始了制订周密的进攻计划：第

1阶段，歼灭莱茵河以西的德军；第2阶段，在莱茵河东岸建立巨大的登陆场；第3阶段，夹攻鲁尔工业区，之后向德国的北部和南部同时发动进攻。

此时的盟军有70个师，其中一些师在阿登战役中遭到重创。西线德军部分装甲部队调往东线后，虽然有65个步兵师和8个装甲师的番号，事实上兵力不到盟军兵力的30%。德军的补给越来越困难，然而希特勒仍然固执地决定不惜一切代价继续抵抗。他命令西线德军应继续为坚守每一寸土地而战，必须守住前些日子激战后形成的多个突出部。希特勒命令德军死守科尔马地域的大登陆场，不准荷兰南部地区的德军从莱茵河撤到较短的须德海南岸、阿纳姆防线。希特勒的固执己见无疑是在帮助盟军更快地实现在莱茵河西岸歼灭德军主力的计划。

当盟军在亚琛以东推进到鲁尔河后，特里尔与鲁尔蒙德之间的德军突出部即刻被盟军包围。盟军一旦在莱茵河与普法尔茨森林之间取得重大突破，莱茵河与摩泽尔河之间的德军也将被围。

德国党卫军第六装甲集团军撤往东线后，西线德军就只剩下7个集团军了。坚守上莱茵河与科尔马地域的第十九集团军和莱茵河与摩泽尔之间的第一集团军组成了G集团军群。德军B集团军群防守摩泽尔河与马斯河之间的特里尔、鲁尔蒙德一线，辖第七集团军、第五装甲集团军和第十五集团军。H集团军群由布拉斯科维茨率领，由坚守马斯河地区的第一空降集团军和坚守下莱茵河地区的第二十五集团军组成。

2月3日，盟军占领科尔马，分割包围了科尔马登陆场的德军。在盟军猛烈的攻势下，全歼登陆场的德军。

这个时候，希特勒认为，英军在芬洛南北强渡马斯河发动进攻的可能性比在狭小的奈梅亨地域发动进攻的可能性更大。因此，他将几个弱小的预备队靠南部署。德军在赖赫斯瓦尔德森林修筑了大量工事，在莱茵河与马斯河之间毗邻该森林的地段也修筑了大量的工事。最北面一段经过赖赫斯瓦尔德森林，永备工事与野战工事相结合。

德军在雷斯与格尔德恩之间，建立了一个阵地，认为盟军不会在这里发动进攻，于是部署的兵力很少。此地1月份经常下大雪，2月初大雪开始融化，马斯河与莱茵河经常出现洪灾，水位下降后，低洼地泥泞不堪。盟军坦克和重型卡车的行驶十分困难，有些地方甚至无法通行。盟军无论在进攻前还是进攻时都非常困难。在赖赫斯瓦尔德森林与莱茵河之间的许多地方，只有水陆两栖坦克才能行驶。

◎ 雅尔塔阴谋

2 月 4 日中午，斯大林乘火车抵达克里米亚半岛的雅尔塔。下午 3 点，先到沃龙佐夫宫拜会了丘吉尔，两人谈起苏德战场的战略形势。斯大林告诉丘吉尔："我们与德军正在奥得河东岸激战，但用不了多久，就会渡过奥得河。"

斯大林接着又说："除了古德里安，德国所有能征善战的将军都被希特勒处决了。希特勒是个铤而走险的亡命徒，此时还把 11 个装甲师留在布达佩斯。难道他不知道，德国用不了多久就不是强国了，再不能四处派兵了？"

"他们会意识到的，但需要时间。"丘吉尔不失幽默地说。

"不过，太晚了。"斯大林微微一笑，起身告辞。

斯大林告别丘吉尔后，来到利瓦吉亚宫，会晤了罗斯福。寒暄过后，罗斯福说他对克里米亚遭到的破坏大为震惊，对德国人比一年前更加"嗜血成性了"，并"希望为你再消灭 5 万德国军官干杯"。

"对德国人，"斯大林说，"每个人都比过去嗜血成性了。德国人是野蛮的畜生，似乎对人类创造的一切精神文明都有刻骨仇恨。"

两人简短谈了一番战局后，罗斯福问斯大林，他和戴高乐在去年12月谈得怎么样。罗斯福讨厌这位自命不凡、高傲的法国首脑。

"戴高乐并不难相处，"斯大林说，"不过缺乏现实主义，法国人在这场战争中没打什么仗，却要求战后同美国、英国和苏联平分秋色。"

罗斯福皱了一下眉，觉得戴高乐是个卸不掉的包袱，他悄悄地告诉斯大林，在卡萨布兰卡会议时，戴高乐还把自己比作法国当代的贞德。斯大林听罢微微一笑，他对这位美国总统颇有敬意，场面融洽，彼此不时吐露些知心话，不像与丘吉尔谈话时总是那么彬彬有礼。

罗斯福告诉斯大林："最近有流言说法国不打算马上兼并德国领土，希望置德国领土于国际共管之下。"

斯大林点点头，把戴高乐对自己说的话告诉罗斯福："莱茵河是法国的天然边界，希望法国军队永远驻扎在莱茵区。"罗斯福听了似乎松了一口气说，他要说些当着丘吉尔的面不便说的话："英国人希望法国战后能在莱茵地区驻军20万人，自己则重整军队。英国人简直让人琢磨不透，他们拿着点心，既想吃又想留。"

罗斯福接着向斯大林讲了一大堆英美在划分德国占领区时的分歧。等罗斯福说完后，斯大林问："您认为法国也应该有自己的占领区吗？"

"这不是个坏主意，但仅仅是出于善意。"

"给他们一块占领区，仅仅是因为这个原因。"斯大林冷冷地说。

4日16时57分，雅尔塔会议在曾经是沙皇别墅的列瓦基宫宴会厅举行第一次全体会议。参加会议的包括斯大林、罗斯福、丘吉尔三巨头在内的10位美国领导人、8位英国领导人和10位苏联领导人。

斯大林宣布会议开幕，建议由罗斯福致开幕词。罗斯福首先感谢斯大林，说鉴于他和斯大林相处得极为融洽，建议会议可不拘礼仪，畅所欲言，并建议首先讨论军事问题。会议持续了两个小时，气氛诚挚、热烈。当晚，罗斯福举行晚宴招待英苏两国政府首脑、外长和首席顾问。苏美英三国领导人祝酒不断，气氛热烈。

雅尔塔会议三巨头

2月5日下午4时，雅尔塔会议举行第二次全体会议。罗斯福主持会议并提议讨论有关德国的政治问题，也就是分割德国的问题。在苏、美、英三国代表组成的欧洲协商委员会上讨论过这个问题，并建议将德国分为英、美、苏三国占领区。

美国财政部长摩根索提出一个计划，建议将德国分割为 7 个邦，变成一个农牧业国家。罗斯福似乎倾向于摩根索的主张，他先漫谈了所了解的 1886 年的德国，说当时一些自由小邦很繁荣，后来柏林实行中央集权化，把德国变成了世界的祸源。罗斯福的发言漫无边际，不得要领。

斯大林有礼貌地听着，丘吉尔则摆弄手里的雪茄。丘吉尔和英国、美国的高级官员忧心忡忡，担心罗斯福的健康状况是否影响了他的思维。斯大林在德国问题上的看法与罗斯福相似，也主张分割德国，想将分割德国的方案定下来。

丘吉尔坚决反对，说自己对这个问题准备不足。两人争来争去，最后罗斯福提出了一个折中方案，将是否分割德国的问题交给英国外交大臣和苏美驻英大使组成的委员会去解决。

罗斯福说："剩下的就是法国占领区问题了。"提起法国占领区问题，丘吉尔立刻站起来，俨然法国的保护人："法国人想要一块占领区，我准备奉送他们一块，甚至会很高兴地给他们一块英国的地盘。"

丘吉尔似乎颇为慷慨，其实有他自己的打算：欧洲大陆的传统均势已被破坏，英国需要法国甚至德国来平衡苏联。出于这些考虑，丘吉尔不仅要给法国一个占领区，还要为法国在对德国管制委员会和联合国中争得与三大国平等的地位。

斯大林似乎看穿了丘吉尔的心思，却仍然故作天真地反驳："接受第 4 个成员会使我们的工作复杂化。"丘吉尔没有理会斯大林的反驳，继续说："这是一个关系到法国在未来欧洲的作用问题。我认为法国能起十分重要的作用。法国人有被长期占领的经验，不会宽恕德国人的。我希望法国强大起来，这有助于抑制德国的膨胀。"

丘吉尔瞅了罗斯福一眼，意味深长地说："我不知道美国能同我们一起占领德国多久？"

"2 年。"罗斯福不假思索地说。

丘吉尔像挨了一记耳光，最担心的事终于发生了。只见斯大林两眼泛光，请求罗斯福再说一遍。

"2 年。"罗斯福进一步解释道，"为了和平，我可以得到美国公众和国会的绝对支持，但是不能耗费巨资在距美国 5000 公里的欧洲长期驻军，所以期限只能是 2 年。"

"我希望到时情况将允许这么做，"丘吉尔竭力掩饰着自己的沮丧情绪，终究还是嚷了起来："无论如何，我们都需要法国的帮助！"

"法国是我们的盟国，我们已同法国签约，希望法国有强大的军队。"斯大林一副宽宏大量的样子。

"只要法国人不在发号施令的岗位上就行。"罗斯福又给了丘吉尔无情的一击。

斯大林听出罗斯福在支持他，便兴冲冲地说："我希望法国强大起来，但不要忘了，法国向德国敞开了大门……管制德国只能由那些从战争一开始就反对德国的人来干，而法国不在其列。"

丘吉尔说："战争爆发时，我们都非常困难，所以法国必须有重要的地位。我们反对德国人时最需要法国人。当美国人撤回国时，我们就得想想未来了。"

丘吉尔的话似乎对斯大林起了一些作用。的确，30 年来俄国同德国打了两次恶仗，第一次被德国人用一个拳头就打败，第二次差点就亡国灭种。

这时美国总统顾问霍普金斯写了一个字条递给罗斯福，上面写着：

1. 法国已在欧洲协商委员会内，现在的主要问题是德国问题。

2. 答应给法国一块占领区。

3. 推迟关于德国管制委员会的决定。

罗斯福看完后，说："我建议给法国一块占领区，管制委员会问题还是留在以后讨论吧。"

"同意。"斯大林说道，他不想跟罗斯福争执。

会议接着讨论了德国的赔款问题。丘吉尔又同斯大林争论了一番，最终决定以后研究。

这一天，苏军推进至凯斯特林附近，距柏林只有80公里了。苏军在这里被德军抵挡了一段时间。在东普鲁士，苏军推进到波罗的海沿岸，包围了25个德国师。整个西里西亚和匈牙利的德军都处在苏军的围攻之下。在西线，德军在后卫部队的掩护下开始撤退，撤退时丢弃的坦克和自行火炮数量比进攻时损失的数量要多得多。德军第五装甲集团军、第六党卫军装甲集团军和第七集团军3个集团军艰难地撤到了原出发阵地。盟军推进到乌法利兹后，奉命调到奈梅亨附近登陆场，开始着手下次进攻的准备工作，这样就使德军在撤退的最后阶段感到压力减轻了很多。

2月7日，盟军航空兵开始猛烈轰炸莱茵河各渡口，并重点轰炸了韦瑟尔地域的大桥和门桥渡口以及德军后方的一些地段。

2月8日，雅尔塔会议继续举行。苏、美、英三大国对法国在对德国管制委员会上的地位问题、联合国安理会表决程序问题和波兰政府问题这三个悬而未决的问题上终于取得一些突破。

罗斯福改变了立场，支持丘吉尔关于法国地位问题的方案。

斯大林举起双手："我同意。"

在联合国安理会的表决程序上，罗斯福放弃了一国一票的设想，接受了一个折中方案：白俄罗斯和乌克兰为联合国成员国；安理会的决议须经五个常任理事国（美、苏、英、法、中）一致同意，即五大国有一票否决权。

在波兰政府问题上，苏联外交部长莫洛托夫的草案给英美两国提供了一个台阶下，同意在卢布林政府的基础上吸收伦敦流亡政府的部分成员。丘吉尔虽然在这个问题上态度坚决，但不得不面对无法改变的现实——波兰已在苏联的控制下，只好作罢。

同时，罗斯福也得到斯大林出兵中国东北的承诺，但是斯大林的承诺不是免费的。罗斯福、斯大林、莫洛托夫和美国驻苏大使哈里曼在只有翻译在场的情况下，私下达成一项协议。

"希望讨论我国对日作战的政治条件"，斯大林解释说，"去年10月，我们已经把这些条件告诉哈里曼大使了。"

苏联方面提出的条件如下：

1. 维持外蒙古现状；

2. 萨哈林岛（中国称库页岛）南部归还苏联；

3. 大连港国际化；

4. 旅顺港租借给苏联用作海军基地；

5. 中东铁路和南满铁路由苏中合营公司经办，保证苏联的利益；

6. 千岛群岛移交给苏联。

罗斯福看到苏联人提出的条件后，感到很棘手。他认为，把千岛群岛和南萨哈林岛给苏联没有什么困难，但其他的条件都与美国为战争做出重大牺牲和贡献的盟国中国有着直接的利害关系，现在却要背着中国人讨论涉及中国主权和领土完整的重大问题。罗斯福只好选择默不作声。

最后，还是斯大林打破了沉默："如果达不成这些条件，我不好向苏联民众解释我们为什么要对日作战。"

"我没有机会同蒋介石总司令谈这个问题，我也不能代表中国发表意见，"罗斯福说，"同中国人讲话很困难，他们会在 24 小时内把所有的谈话内容向全世界广播。"

"现在不需要同他们谈。"斯大林面无表情。

一个涉及中国主权和领土完整的协定在没有中国人参与的情况下就这样达成了，并作为一个绝密文件附在雅尔塔协定的诸文件中。美国国务院当时知道此事的只有三人：国务卿斯退丁纽斯、美国驻苏大使哈里曼和译员波伦。当天下午，斯大林便将此事透露给丘吉尔。

这一天，艾森豪威尔指挥百万盟军对德军发动了强大的攻势。首先由加拿大第一集团军进攻莱茵河与荷兰边境之间的赖赫斯瓦德森林，计划沿莱茵河一直推进到施特拉斯堡。加拿大第一集团军所部英军第三十军在猛烈的炮火掩护下冲向雷赫斯瓦德。

德军第一空降集团军拼死阻击，英军在森林沼泽地带苦战两个星期，进展甚微。这场战斗使德军想起 1916 年和 1917 年的西线战斗，那时英军的猛烈炮击破坏了德军阵地内的所有公路和设施，结果影响了英军推进的速度。此时，加拿大第一集团军的 10 个师向防守的一个德国师发动了猛攻。德军在英军炮火打击下伤亡惨重，战斗最激烈的地方是赖赫斯瓦尔德森林最西边。德军寡不敌众，无力阻止盟军在多个地方的突破。然而，由于大量的雷区，被水淹的道路越来越泥泞，使得英军和加拿大军向前推进的速度慢了下来。后来，德军首批增援部队赶到，双方进行了激烈的森林争夺战。

2 月 11 日，丘吉尔代表英国政府在斯大林和罗斯福事先达成的秘密协议上签了字。 丘吉尔后来这样解释自己在苏美秘密协议上签字的原因："我虽然代表英国在这个协议上签了字，但不论我还是艾登都没有参加这个协议的拟定。这被认为是一件美国人的事……总之，事前并没有同我们商量，只是要求我们同意。"

至此，苏美英三巨头就主要问题达成了协议，三方都得到了自己想要的东西：罗斯福获得苏联对日作战的保证，确立了联合国安理会的表决程序；斯大林保住了对波兰及东欧诸国的控制，在远东地区也收获颇丰；丘吉尔则为法国争得大国地位。其实，雅尔塔会议最大的赢家是斯大林，他不仅取得对东欧的控制权，而且在远东（主要是中国）获得了巨大的利益。雅尔塔会议所确定的欧洲政治格局一直维持到 1989 年秋"柏林墙"倒塌后才告崩溃。

为期 8 天的雅尔塔会议终于完成所有议程，宣告结束。

第八章　谁笑到了最后

美军各师不断发动猛攻，加上持续的空
袭，德军的指挥系统陷入瘫痪，德军的补给
线几乎陷入绝境，被围德军的抵抗逐渐衰
竭。越来越多的德军开始投降，但仍有不少
的德军在负隅顽抗。

◎ 轰炸，只为报复

雅尔塔会议后，同盟国之间达成共识，一致决定尽早结束战争。此时，盟军如秋风扫落叶般席卷着苟延残喘的德国和日本法西斯的军队。希特勒和他的第三帝国早已日暮穷途，但是仍在负隅顽抗，幻想着奇迹的出现。

2月13日，加拿大军队占领了克莱沃，并推进至赖赫斯瓦尔德防线后方，森林争夺战结束。在森林地带以南，德军各部队击退了沿赫内普—戈赫公路推进的加拿大第一集团军，这条公路是加拿大集团军的必经之路。

蒙哥马利眼巴巴地等待着南面发动的引诱突击取得成功。在美军第一、第九集团军发动进攻前，德军炸毁了乌尔夫特水库。鲁尔河的水位大大升高，美军被迫推迟进攻，等待水位下降。德军趁机抽调部队增援第一空降集团军。

13日22时，英国245架轰炸机飞临德国东部文化古城德累斯顿上空，开始实施"雷击"行动。此时的德累斯顿市沉浸在一片安详中，剧院和影院正常营业。突然，城市上空响起了恐怖的防空警报。

22 时 10 分，英国轰炸机群向德累斯顿倾泻了大量炸弹，整个城市瞬间变成一片火海，从祥和安宁掉入人间地狱。3 小时后，即 14 日凌晨 1 时 23 分，第 2 批 539 架轰炸机再次发动空袭，仍然投下大量炸弹。这时的德累斯顿市区变成了一座巨大的火葬场。火焰发出大炮一样的轰鸣声，德累斯顿市民在尘埃和烟雾中四散奔逃。8 小时后，美国空军 1350 架重型轰炸机黑压压猛扑而来，成吨成吨的炸弹投掷到市区。大量护航战机找不到德国飞机，纷纷用机枪朝地面的人群扫射。

2 月 14 日，阻击加拿大第一集团军的德军增至 9 个师，其中 2 个是装甲师。加拿大第一集团军继续顽强进攻，越过赖赫斯瓦尔德森林，向东南方向进攻，在赫内普以南缓慢地强渡马斯河。

2 月 15 日，美军出动 1100 架轰炸机继续轰炸德累斯顿市。此时的德累斯顿已被盟军夷为平地，大火燃烧了几天几夜，130 万居民被炸死 13.5 万人，3.5 万多座建筑物被摧毁，茨温格尔宫、圣母教堂等大量古代建筑物永远消失，让人不由得想起了英国的城市考文垂。考文垂毁于德军飞机的炸弹，而德累斯顿则毁于盟军的炸弹。从这一刻起，每年的 2 月 13 日 20 时 15 分，德国东部的所有教堂都会响起沉闷的钟声，像是在祈祷，更像是在悲泣。

二战后，人们称指挥此次轰炸作战的哈里斯为"屠夫"，而哈里斯说"雷击"行动是英国首相丘吉尔策划的。邱吉尔在回忆录中为自己辩解："我也是为了胜利，谁愿意成为禽兽？真正无情的是战争。战争一旦爆发，它就不可能再有任何人道主义！"一位参加轰炸德累斯顿的英国飞行员回忆："好像飞行在火海上，炽热的火焰闪烁着死亡的光芒。许多人被活活烧死，我无法形容当时的感觉，也无法为之辩护……"

盟军的说法是轰炸德累斯顿是为了制止德军通过德累斯顿调遣部队阻挡苏军的进攻，这种说法显然说不过去，如果想制止德军，只需轰炸城市出口就可以，而不需要报复性地狂轰滥炸。很明显，这是英国人为脸面而实施的报复，昔日的考文垂就是今日的德累斯顿，而两个城市无辜的民众则成了可怜的牺牲品。

与此同时，类似的轰炸在德国许多地方进行，一直持续到德国投降。其实，这种轰炸对盟国取得胜利没有起到什么作用，如果把用于轰炸城市的庞大兵力改为轰炸军事目标，则二战可能会结束得更早一些。

2月23日，盟军陆军总司令蒙哥马利命令美军第九集团军强渡鲁尔河，并向杜塞尔多夫和克列费尔德方向进攻。这时，德军第五装甲集团军正在接管第十五集团军从都兰至鲁尔蒙特的阵地。在如此紧急的时刻换防，这是B集团军群总司令莫德尔下达的命令。德军这样做显然是错误的，第五装甲集团军要想发挥战斗力需要一段时间了解新阵地的情况。美军第九集团军推进速度很快，进攻的前两天就在鲁尔河对岸建立了几个登陆场。

2月25日，美军装甲部队从林尼赫登陆场发起强大攻势，迅速切断了德军党卫军第十二军和第八十一军之间的联系。德国党卫军第十二军伤亡惨重，其第三三八步兵师想封住缺口，却被美军装甲部队击退到莱茵河一带。德军第一空降集团军的教导装甲师被调往格拉德巴赫城。

2月28日，美军第十二集团军群开始向德军发起猛攻，由于大批德军前往北部迎战英军第二十一集团军群，致使美军的进展非常顺利。

2月份，德国西线各集团军尽管不断提出请求，却无法在阿登山区得到能提高战斗力的任何补给：既无法得到足够的弹药，又无法得到火炮和反坦克炮。在撤退过程中，德军的士气明显低落，国内出现了同样的情况，到处笼罩着悲观的气氛。不过，阿登反击战也给德国带来一定的好处：盟军被迫把空军主力使用在阿登战场，使德军后方获得了喘息之机。

3月1日，美军向格拉德巴赫城发动了强大的攻势，当晚美军即占领该城。同日，德军第八十一军主力和第五十八装甲军被美军赶到艾弗特河一带。

3月2日，德军从侧翼攻打美军的突出部，被美军击退。

3月3日，美军装甲部队快速推进，赶到杜塞尔多夫以南的莱茵河一带。希特勒不准德军从莱茵河左岸撤退，他认为撤退会使从鲁尔区驶出的运煤船无法沿利珀河驶入多特蒙德—埃姆斯运河。于是，他命令第一空降集团军占领克雷菲尔德、韦瑟尔地段的登陆场，务必守住登陆场。希特勒指示："没有得到集团军司令部的批准，任何人和装备都无权渡河撤向后方。"后来，在德军H集团军群总司令布拉斯科维茨的劝说下，希特勒允许各部队将需要修理的装备、车辆以及伤病员撤过河。

这时，被盟军赶到北面的德军第十五集团军残部与第一空降集团军会合。不论德军的抵抗多么顽强，都无法摆脱被围歼的命运。美军第十二集团军群展开全面进攻。德军实施北面防御战是为了沿莱茵河多运些鲁尔的煤，而在南面防守是为了萨尔矿区。德军将为这两个目标而战，直至全军覆没。

与此同时，德军第五装甲集团军的中央防线和左翼防线的激战仍在继续。美军从朱里西与都兰之间的登陆场进攻科隆，被德军挡住。美军第一集团军继续进攻科隆，德军兵力太少，无法抵挡美军连续几日的进攻。德军第九装甲师、第十一装甲师和第三装甲步兵师被迫互相掩护着交替撤退。

◎ 希特勒自绝后路

3月4日，美军第一集团军全部渡过文弗特河，继续攻打科隆。曼陀菲尔的第五装甲集团军兵力空虚，无力坚守莱茵河西岸，若在西岸抵抗过久，有被全歼的可能。

3月5日，希特勒命令曼陀菲尔和他的第五装甲集团军死守阵地，决不允许任何重装备和任何人撤过莱茵河。曼陀菲尔命令第八十一军去支援科隆。德军第九装甲师、第十一装甲师和第三装甲步兵师被隔离在科隆以北20公里处的多马根登陆场。同日，美军第三集团军在艾弗尔山区取得突破。

直到晚间，希特勒才同意第九装甲师、第十一装甲师、第三装甲步兵师撤过莱茵河河对岸。此时，科隆爆发了巷战。德军第五十八装甲军艰难地防守着城南的登陆场。

3月6日，美军第三集团军攻占了科隆。

3月7日，美军第三集团军一部攻占雷马根大桥后，停止前进。由于整体作战计划并没有将该座大桥考虑在内，导致大桥在进攻中受到损坏。这一天，该集团军进抵科布伦茨附近的莱茵河一带。

3月8日，德军第五装甲集团军在莱茵河西岸的防线被盟军摧毁，两个军的残部逃过莱茵河，损失了大量火炮和坦克。德军第五装甲集团军在杜塞尔多夫和齐格河之间建立了一道新防线。与此同时，德军第一空降集团军撤到杜伊斯堡地域的莱茵河一带。

3月8日至23日，德军第五装甲集团军损失了4个师和教导装甲师的一个战斗群，结果使得每个师的正面防线更宽。第五装甲集团军把大部分装甲师调给了第十五集团军，该集团军正好用这些装甲师进攻雷马根登陆场的美军。此时的莱茵河比较平静，仅有零星的战斗。德军第五装甲集团军仍在进行防御准备。尽管东线作战已经失败，从战略上看德军没有获胜的希望，连运输补给系统都瘫痪了，然而各级指挥部和参谋们仍在做着最后的抵抗，这与德军最高统帅部的情形完全不一样。第五装甲集团军相信他们能够守住防线，但是第七集团军和第十五集团军的形势却不容乐观。此时的第五装甲集团军已经没有什么坦克，也没有了预备队。

3月9日，德国第十五集团军失守雷马根桥，此事的危险性曾被德军过分夸大。蒙哥马利没有马上下令在该桥头堡扩大战果，只让4个师坚守桥头堡。其实，这个时候美军第九集团军可以轻易地在杜塞尔多夫以北强渡该河。蒙哥马利不准这样做，艾森豪威尔也这样认为。

此时，德军在莱茵河下游的防线已经彻底崩溃，但是蒙哥马利不准备集团军马上扩大战果，必须等他精心策划的进攻准备好后，才能按计划渡河。盟军的拖延给了德军喘息的时机，使西线战争又推迟了几周。然而，莱茵河中游的战况却大不一样，由于美军第十二集团军群司令布莱德雷和第三集团军司令巴顿的见机行事，第三集团军推进神速。布莱德雷对艾森豪威尔的保守做法非常恼火，他指示巴顿可以伺机而动。

3月10日，德国空军元帅凯塞林接替龙德施泰特出任西线总司令，他跟参谋们开玩笑说："新的V-3型前来报到了。"此时的德军已有V-1型、V-2型导弹，V-3型是指新式武器。

大量被击溃的德国部队、卡车纵队和从萨尔地区逃出的德国难民沿着少量道路渡过莱茵河。美军第三集团军的坦克集群在巴顿的指挥下正由北面追击撤退的德军残部，并合围了部分德军。盟军空军不间断地轰炸和扫射德军，使德军的作战更加被动。德军撤退的道路被很多燃烧的车辆堵塞。美军第三集团军已经推进到路德维希港，第七集团军从南面推进并切断了皮尔马森斯—兰道公路。德军只剩下一条狭窄的走廊，被美军击溃的德军各部队正从走廊向盖尔梅尔斯海姆、卡尔斯鲁厄以西的桥头堡撤退。

3月12日，美军第三集团军强渡莫塞尔河，迅速越过洪斯吕克山突入帕拉廷内特。美军第三集团军的推进与第七集团军在莫塞尔河与莱茵河之间的推进互相策应。这两个美军集团军在美因茨以南地区击溃了德军第一集团军。

3月19日，希特勒签署《关于在帝国领土上的破坏措施的命令》。命令次日以电报的形式下发给各部队，全文如下：

为了我们的人民生存而进行的斗争，迫使我们在帝国领土上千方百计地削弱敌人的力量，阻止敌人向前推进。利用一切可能，直接或间接地削弱敌人的打击力量。如果没有破坏的或短时期内陷入瘫痪的交通、通信、工业和补给设施，在夺回失去的领土时仍可重新供我们使用，这样想就错了。敌人在撤退时留给我们只会是一片废墟，根本不会顾及人民的生产。

为此，我命令：

1. 破坏帝国领土上一切军用的交通、通信、工业和后勤补给设施及其他重要设施，因为敌人可能马上或在不久后会利用这些设施来继续进行战斗。

2. 负责实施这些破坏活动的是：主管所有军事目标（包括交通和通信设施）的军事指挥机关；大区指导部部长；主管所有工业设施、后勤补给设施及其他重要设施的帝国防务特派员。在各大区指导部部长和帝国防务特派员执行任务时，军队应为其提供必要的支援。

3. 以最快的速度将我的命令传达给所有部队指挥官。与此不相符的命令一律作废。

（签字）阿道夫·希特勒

◎ 莱茵河全面失守

　　3月下旬，美军第三集团军和第七集团军推进到莱茵河后，艾森豪威尔下令强渡莱茵河。几个月前，盟军强渡莱茵河是要付出很大代价的，但希特勒这几个月的指挥使盟军强渡莱茵河的困难大大减轻了。当时，希特勒没有下定阿登反攻的决心，随后又没有进行机动防御，不让德军撤过莱茵河，结果使德军各集团军在马斯河与莱茵河之间、摩泽尔河以南地区和科尔马登陆场受到很大损失，实力大降。另外，争夺雷马根登陆场的战斗大量消耗了德国 B 集团军群的兵力，使得 B 集团军群在科布伦茨与科隆之间撤退到莱茵河后，几乎就没有多少兵力了。盟军只需要在几个地方集中兵力，就能够突破德军薄弱的防线。

　　盟军最初强渡莱茵河时，英国首相兼国防大臣丘吉尔做了战役为政治服务的最后尝试。他没有向美国总统罗斯福而是向盟军总司令艾森豪威尔提出了自己在政治方面的见解。丘吉尔认为，当战争即将结束时，取得军事胜利比较容易，军事行动应该为政治利益服务。然而，丘吉尔找错了人。艾森豪威尔当即制止了丘吉尔对盟军作战的干涉，并认为占领柏林毫无军事价值。他进一步指出，英美与苏联早就商定好了对德占领时的政治分界线，不论哪一方先占领柏林，这条分界线都应该在柏林通过。远在华盛顿的罗斯福支持艾森豪威尔的观点，于是盟军继续实施原定的作战计划。

艾森豪威尔用新调来的 5 个美军师加强了蒙哥马利的第二十一集团军群，使其兵力增至 29 个师。蒙哥马利奉命完成战役的最复杂部分，在广阔的莱茵河下游强渡莱茵河。防守在莱茵河右岸的德军只有 1 个集团军。德军在 3 月份的激战结束后，获得了一些喘息的时间，在右岸建立了新的阵地。

盟军第二十一集团军群将在韦瑟尔一带的宽大正面上强渡莱茵河，蒙哥马利为此准备了几个月。第二十一集团军群将在鲁尔蒙德与奈梅亨之间的马斯河上架设大桥，他们准备了大量的架桥工具和材料，以及渡河器材，重型坦克可以凭借渡河器材过河。蒙哥马利所属各集团军正在马斯河一带加紧进行渡河训练。早在 2 月中旬，盟军的航空兵就开始了火力准备，长期轰炸德国北部科布伦茨、不来梅以西的所有铁路和公路交通。盟军重型轰炸机向德国铁路设施和交通枢纽投弹达 1.1 万吨，歼击轰炸机长期轰炸德国的施工队伍，德国人直到此时仍在抢修被炸毁的铁路和公路，努力维持着补给线。为了摧毁德军的防御阵地，盟军的空袭在逐步接近德军阵地。

3 月 20 日，盟军大量飞机开始轰炸德军阵地，彻底切断了德军与后方的联系。盟军战斗机群持续空袭德军机场，只要空中侦察发现德军喷气式战斗机所必需的长跑道，就马上发动密集的空袭将跑道炸毁。

为了渡河成功，蒙哥马利将美军第九集团军调到利珀河口以南，将英军第二集团军调到利珀河以北。布莱德雷的第十二集团军群在莱茵堡以北，蒙哥马利的第二十一集团军群在韦瑟尔和雷斯地区，分别进行强渡的尝试。此时，莱茵河的水位大大下降，两岸距离越来越窄。盟军的重型车辆，尤其是坦克，不用担心再遇到2月渡河时遇到过的那些困难。

这个时候，德军第一空降集团军的防线得到一些民防冲锋队和新组建的部队的加强，辖3个步兵师和4个空降师。2个装甲师残部作为预备队驻扎在埃梅里赫西北。德军第一空降集团军的兵力不足以建立纵深梯次配置的防御体系。各居民地配置了反坦克壕和反坦克障碍物，大多数工事可以进行环形防御。为了守住莱茵河，对付盟军的空降，德军部署了大量的高射炮兵连。

3月22日，美军第三集团军在摩泽尔河以南的围歼战中渡过莱茵河。

3月23日21时，蒙哥马利指挥所部盟军在雷斯地段渡过莱茵河。1小时后，盟军又在韦瑟尔地段渡过该河。盟军在东岸仅遭到德军的微弱抵抗，因为火炮已被盟军的炮火彻底摧毁。

同一天，美军第三集团军在美因茨以南夺取了一个登陆场。与此同时，德军第五装甲集团军奉命保卫鲁尔。德军认为盟军可能发动一次夹击，可能以强大的兵力从杜伊斯堡、杜塞尔多夫渡过莱茵河，同时从雷马根登陆场发动进攻。德军第五装甲集团军在杜塞尔多夫—齐格堡一带进行防御，党卫军第十二军在右翼防守，第八十一军在中央防守，第五十八装甲军在左翼防守。这3个军都遭受了重创，党卫军第十二军把大部分重装备扔在了莱茵河对岸。德军竭尽全力补充步兵，兵员主要是被打散的民防队，武器由高炮团和炮兵团提供。德军在兵力上的损失得到了一定的补充，新兵们都不想当步兵，他们都没有接受过军事训练。

阿登战役的失败及苏军攻入德国东部，对德军士气产生了巨大的影响，然而此时的德军仍在负隅顽抗。第五装甲集团军尽了最大努力利用两周的战斗间歇期，补充了兵力，后勤单位、司令部和炮兵也都补充了冲锋枪。德军将主要精力集中在加强右翼的防御上，他们认为，盟军可能会在杜塞尔多夫渡河。党卫军第十二军各部队的阵地尽量设在狭窄的正面，教导师残部在各师后面用作预备队。

德军指挥官们研究了左翼的西格堡，盟军可能从雷马根登陆场进攻西格堡。在左翼，德军第三装甲步兵师是唯一的预备队，然而该师于 3 月 15 日被调走了。德军在第一防御地带没有兵力作纵深梯次配置，莱茵河成为德军最后的屏障。德军防线的主要地段都设置了轻、中型高射炮阵地，这些高射炮是从鲁尔撤下来的，全部平射使用。这些高射炮配有足够的弹药，成为德军火力的主要力量。德军第二防御地带建立在杜塞尔多夫—科隆公路上。德军向莱茵河对岸的盟军派出了侦察兵力，得知美军正从科隆向波恩和雷马根登陆场集结。德军第十五集团军想夺回雷马根登陆场，但美军正在不断地扩大登陆场。盟军在杜塞尔多夫集结了大量的部队。

3 月 24 日凌晨 3 时，在蒙哥马利的指挥下，盟军在莱茵堡快速渡过莱茵河。德军投入预备队，抵抗非常激烈。为了夺取更多的登陆场，蒙哥马利决定发动空降战役，他要求各空降团与正面进攻盟军保持密切的战术协同，即直接在德军阵地后面着陆，使盟军炮兵得以支援空降兵。

3 月 24 日清晨，盟军两个空降师分别在法国和英国登机。10 时，空降部队首批分队在韦瑟尔以北和东北地域的德军后方出现。盟军运输机靠近空降地域时，德军猛烈的高射炮火力使得盟军空降分队遭受了一些损失。盟军空降兵在着陆时也遭到德军的激烈抵抗。从总体上来看，空降作战是很成功的，盟军出动了大量的运输机，得到 2000 多架战斗机的空中掩护。空降作战在 3 个小时内结束，减轻了盟军在韦瑟尔地段强渡的难度。

德军无力清除盟军的登陆场，盟军在强渡莱茵河后只需要压制住德军的个别火力点并快速架桥，主力部队就能快速渡河。经过几个月的渡河训练，盟军在短时间内完成了强渡任务。相对来说，德军的抵抗在雷斯地区以北非常顽强，但是当盟军向东和东北方向进攻时，这些抵抗很快就被粉碎了。

这一天，巴顿的第三集团军占领达姆施塔特。

3 月 25 日，美军进抵阿沙芬堡，夺取了几座美因河大桥。

3 月 26 日，美军第七集团军在沃尔姆斯强渡莱茵河。很快就在北部达姆施塔特地域与第三集团军会合，将登陆场扩大至曼海姆。与此同时，美军第一集团军从雷马根大登陆场发动进攻，粉碎了德军从北面发动的反攻。德军在这一带的抵抗最为激烈。

◎ 指挥系统瘫痪

　　为了保住鲁尔州，曼陀菲尔的第五装甲集团军迅速在锡根市以西的锡格河建立了新防线，计划在该地阻止美军的推进。美军第一集团军向东南快速推进，在林堡地域推进到拉恩河，又通过吉森向马尔堡推进。美军在博帕尔德的狭窄地段强渡莱茵河，迅速粉碎了德军的防守。这时，美军第三集团军从陶努斯山进攻威斯巴登，并与从法兰克福发动进攻的盟军合作，歼灭了陶努斯山与奥登瓦尔德山之间的德军。

　　随着进攻规模的不断加大，美军第一、第九集团军在鲁尔地区包围了德军第十五集团军和第五装甲集团军。德军越来越绝望，在徒劳地战斗着。然而，纳粹德国进行了多年强化宣传，德军顽固到了极点。在局势越来越恶化的情况下，德军并非真想抵抗到底，而是害怕当俘虏。这是一个促使德军继续抵抗的因素，因为德国政府宣传，他们只有继续抵抗才能免遭"东方敌人惨无人道的报复"。

其实，德军鲁尔地区的防御战无论对德国经济还是军事都没有任何意义。持续几个月的轰炸几乎切断了鲁尔地区与大后方的联系，它已经无法发挥德国经济基地的作用。莫德尔作为 B 集团军群的总司令，被迫奉命防守鲁尔地区，不过他拒绝了希特勒关于摧毁工业区的命令。

3 月 28 日，盟军在博特罗普—多尔斯滕—博霍尔特—埃梅里赫一带建立了巨大的登陆场。相对于英军第二十一集团军群来说，美军第十二集团军群是在轻松得多的条件下渡河的。美军在达姆施塔特以西的奥彭海姆地段早就有了一个登陆场，在雷马根地段也有一个大登陆场。美军所到之处，德军的兵力比英军第二十一集团军群进攻的地方少得多。

德军各集团军无法建立新的防线，自 3 月初以来，激战一直没有停止。美军第三、第七集团军在曼海姆与美因茨之间强渡莱茵河。在该地段以南，美军第一集团军从雷马根登陆场向东北和东南方向进攻时，法军第一集团军在施佩耶尔以南强渡莱茵河。美军将在海德尔堡—哈瑙—吉森—锡根一线形成完整的巨大登陆场。

4 月 1 日，美军第九集团军部分兵力在利普施塔特与第一集团军会合。当艾森豪威尔命令第九、第一集团军进攻鲁尔地区时，坚守鲁尔河的是德国 B 集团军群。另外，B 集团军群还在西面坚守着莱茵河，在南面坚守着雷马根登陆场的锡格河。B 集团军群兵力明显不足，其结果只能是拖延有限的时间。即使德军的装备和弹药储备能够支持长期抵抗，但德军对人口稠密区的居民进行供应也是个无法解决的大难题，这早晚会使德军放弃抵抗。

美军第九集团军的部分兵力负责在北面攻打鲁尔河的德军防线北段，该集团军一个军与向易北河进攻的英军共同突破了鲁尔河以北的德军正面防线，并快速向东扑去。

鲁尔地区的德军在北面从哈姆、在南面从锡根分别进行突围，但是美军强大的攻势将突围德军打了回来。美军各师不断发动猛攻，加上持续的空袭，德军的指挥系统陷入瘫痪，德军的补给线几乎陷入绝境，被围德军的抵抗逐渐衰竭。越来越多的德军开始投降，但仍有不少的德军在负隅顽抗。

4月4日，英军第二十一集团军群所部加拿大第一集团军在韦瑟尔一带猛攻德军第一空降集团军。德军在北翼部署了空降兵师，在南翼部署了第九装甲师和第十五摩托化步兵师。德军起初的抵抗特别顽强，但是这种抵抗随着加拿大第一集团军的推进不断衰竭。

此时的希特勒仍然不甘心失败，他任命布施为德军西北线总司令，指挥驻荷兰的第二十五集团军和撤到埃姆斯河与威悉河之间的第一空降集团军。这些集团军是由几乎丧失战斗力的残余部队改编的，它们的任务是在威悉河与阿勒河之间建立新防线。英军第二集团军中路部队在埃姆斯河、威悉河、阿勒河一带被德军的顽强抵抗和被炸毁了的大桥所阻。

4月7日，英军第二集团军右翼部队从策勒地区进抵阿勒河，并在尔岑发动了连续数日的猛攻。当天，希特勒发布了《关于西战场新的指挥关系的命令》，全文如下：

由于西线局势的发展以及大量通信联系的中断，有必要调整一下西战场指挥关系，使之适应战场的变化。

为此，我命令在西线建立以下新的指挥关系：

一、国防军统帅部直辖：

西北线总司令（H集团军群总司令）；

B集团军群总司令；

西线总司令；

西线海军总司令。

二、西北线总司令（H集团军群总司令部）辖：

1. 北部海岸指挥参谋部管辖区。为了指挥这一管辖区，西北线总司令可接管北部海岸指挥参谋部的指挥权。

2. 驻荷兰总司令辖：第二十五集团军、驻荷兰国防军、驻荷兰海军部队、驻荷兰空军部队。驻荷兰总司令在防守荷兰要塞和使用为此所需要的和可以支配的一切手段时，直接对我负责。为了执行其任务，可指挥第二十五集团军。一旦与帝国的陆上联系中断，驻荷兰总司令和荷兰占领区帝国特派员应遵照关于要塞的合同命令的规定进行合作（参见1945年1月30日下达的国防军统帅部参谋长／国防军指挥参谋部／第二军务组（二科）1945年第0850号秘密文件的附件）。

3. 斯图登特的集团军群、空降集团军。

4. 第十一军区。

三、B集团军群总司令辖第五装甲集团军、第十五集团军和冯·吕特维茨集团军级支队，以及在该集团军群战区内的国防军各军种的所有部队和官兵。

四、西线总司令辖：G集团军群（辖第一集团军和第七集团军），直属的第十一集团军和第十九集团军，此外还有第五、第七、第九和第十三军区。

五、西北线总司令和西线总司令所辖地区的分界线：帕德博恩—霍尔茨明登—萨尔茨吉特—奥舍尔斯累本—舍内贝克（这些地点归西北线总司令负责）。

六、西线空军部队的隶属关系，与陆军的隶属关系一致。另外，每个相关的司令部或参谋部应与西北线总司令和西线总司令建立联系，特别是协调好对 B 集团军群的支援。

我对用于支援西线陆军的航空兵和高射炮兵部队的隶属关系下达的命令（1945 年 4 月 3 日下达的国防军统帅部／国防军指挥参谋部／作战处 1945 年第 003228 号机密文件），其精神也适用于新的指挥关系。上述部队在作战方面归西北线总司令和西线总司令指挥。空军总司令将新的兵力部署情况及时向我报告。

七、关于本土指挥关系的具体规定，详见"1945 年 4 月 7 日的国防军统帅部／国防军指挥参谋部／第二军务组 1945 年第 02147 号秘密文件"。

八、及时向我报告接管新的管辖区的情况。

（签字）阿道夫·希特勒

◎ 千年帝国梦碎

4月13日，美军主力推进到耶拿—哈雷—巴尔比—维滕堡一线，包围了德军第十一集团军及哈茨山的德军。

4月14日，美军一部从南北夹击哈根，防守该地的德军被分割为两部分。

4月15日，希特勒发布《关于被分割的德国北部和南部地区指挥关系的命令》，全文如下：

当前，我国中部地区的陆上联系已经中断。为此，我命令：

一、我无法前往的被分割地区，整个军事行动由我指定的总司令负责指挥。国防军海陆空三军种、各防线、后备军、武装党卫队、警察及其他组织在该地区的一切力量，均归我指定的总司令统一指挥。

二、一旦我在与南部地区中断了联系，将指定邓尼茨海军元帅作为北部地区总司令。届时，将给海军元帅设立一个小型精干的陆军总参谋部，作为他的指挥参谋部。邓尼茨海军元帅有权指挥下列将领：

1. 负责东线指挥事务的魏克塞尔集团军群总司令；

2. 负责西线指挥事务的西北线总司令；

3. 驻丹麦国防军司令；

4. 驻挪威国防军司令；

5. 帝国航空队总司令（负责指挥该地区的空军兵力）。

三、一旦我与北部地区中断了联系，将指定凯塞林空军元帅作为南部地区总司令。凯塞林空军元帅有权指挥下列将领：

1. 负责东线作战的南方集团军群总司令和中央集团军群总司令；

2. 负责整个西线指挥的 G 集团军群总司令；

3. 东南线总司令；

4. 西南线总司令；

5. 第六航空队总司令（负责指挥该地区的空军兵力）。

四、第二、第三条中，为被分割的地区指定的总司令即北部地区总司令和南部地区总司令。我的命令和决定由于通信方面的原因无法及时传达到他们那里时，可独立处理相应地区内的整个防御事务。上述两位总司令亲自对我负责：在被分割地区的帝国最高防务特派员的密切配合下，彻底挖掘出全部战争潜力。另外，一旦通信联络技术允许，仍然由我以迄今所使用的方法统一指挥作战行动，仍然有责任经常向我报告情况。

空军总司令部和党卫队帝国司令应在通信技术允许的情况下及时参与做出各种决定。

五、暂时被分割地区的总司令可以使用 1945 年 4 月 11 日命令中规定的补给、运输、通信、装备部门的下属机构。

六、根据国防军统帅部参谋长 1945 年 4 月 12 日《关于建立下属机构的规定（1945 年第 88801 号绝密文件说明 II）》，与国防军通信勤务主任普劳恩通信兵上将进行协商，尽快为被分割地区的总司令筹建司令部。

七、被分割地区的总司令只有在接到我的特别命令后才能开展工作。我在特别命令中，将确定各个集团军与各集团军群的隶属关系。

八、我将为被分割地区任命一位帝国最高防务特派员，统一领导党和国家的所有办事机关。帝国最高防务特派员应与被分割地区的总司令密切合作。

九、实施细则由国防军统帅部参谋总长颁布。

4 月 16 日，美军第一集团军和第九集团军俘虏德军 B 集团军群的东集群 8 万人。两天后，这两个集团军又歼灭了德军 B 集团军群的西集群。此时，共俘虏 B 集团军群达 32.5 万人。

4 月 19 日，英军第二集团军左翼部队在丹嫩堡地区进抵易北河。这时，该集团军中路部队经索尔陶开始进攻吕纳堡荒地，并于 23 日占领哈尔堡。英军第二集团军左翼部队到达林根以东，在不来梅以东与德军第一空降集团军展开了激战。后来，另一支英军在德军防线以南强渡威悉河，抄道后方围攻德军。

4 月 25 日，西线德军和东线德军的防线均被截成两半，霍奇斯的美军第一集团军在易北河畔的托尔高与科涅夫指挥的苏军乌克兰第一方面军胜利会师。

同一天，美国、苏联、英国等 50 个国家的代表在美国旧金山召开联合国成立大会。经过两个多月的反复讨论协商，于 6 月 26 日一致通过了《联合国宪章》，成立了联合国。

4 月 26 日，英军第二集团军占领不来梅。此时，英军开始在易北河口与威悉河口之间展开肃清德军的战斗。与此同时，加拿大第一集团军一部与英军第二集团军协同，占领了威悉河与埃姆斯河之间的地域，并占领了须德海以东的荷兰北部地区，合围了荷兰西部的德军第二十五集团军。加拿大军继续向北海地区推进，德军第一空降集团军迟滞了加拿大军的推进。后来，加拿大军还是占领了奥尔登堡，接着又占领了荷兰北部地区。加拿大另一个军从埃梅里赫向西推进，占领了阿纳姆，又强渡艾瑟尔河，并参加了对德军第二十五集团军的围歼战。德军第二十五集团军逃到格雷伯线。这个时候的第二十五集团军已经无法威胁英军第二十一集团军群的后方。

美军第一、第九集团军通过鲁尔地区向东推进，并快速通过拉恩河与利勃河之间无人防守区。与此同时，巴顿的第三集团军从北面迂回进攻图林根山区，沿公路干线扑向爱森纳赫方向。这时，美军第一集团军正在进攻卡塞尔，美军第九集团军正在进攻威悉河岸的哈默尔恩。

与此同时，美军还在多瑙沃尔特、因戈尔施塔特和雷根斯堡强渡多瑙河，法军和美军从乌尔姆向德军西翼发动了围歼战。德军残部逃进阿尔卑斯山谷，山谷里的德军一直顽抗到德国无条件投降。另一部美军占领布伦纳山口，5 月 4 日在该山口与从意大利进攻的美军胜利会师。

巴顿的第三集团军沿多瑙河两岸翻越波希米亚林山，突至恩斯河下游和林茨、捷克布杰约维采、比尔森、卡罗维发利一线，堵住了东面与苏军作战的德军各师的退路。在这种情况下，德军开始争先恐后地向美军投降。

4 月 30 日，德意志第三帝国元首希特勒和他的情妇爱娃·勃劳恩走进卧室。希特勒的助手听到一声枪响后冲进房间，发现爱娃服毒自尽，希特勒死在床上，头上有一个弹孔。

5 月 2 日，柏林德军宣布无条件投降。两天后，北部的德军向蒙哥马利的部队缴械。5 月 7 日，德国签署无条件投降书。5 月 8 日，盟军宣布当天为"欧洲胜利日"，欧洲战争完全结束。希特勒的千年帝国梦仅仅延续了 12 个年头。